体は骨格から変わる!

股関節1分ダイエット

CHANGE YOUR BODY
FROM THE INSIDE OUT!
1-MINUTE
HIP JOINT DIET

整体エステ
「GAIA」主宰
南雅子

青春出版社

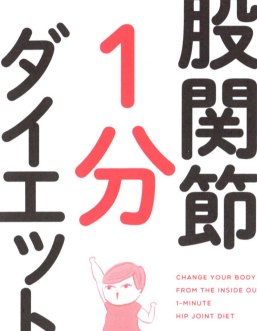

また太りました
やばい
いよいよ、まずい
ファスナーしまらず！
ばーーん
どーーん
もう入るパンツがない

とはいえ　私たち…
糖質控えてる
ジョギング毎日してる
はあはあ
高級マシン買った
ぜえぜえ
筋トレ週3してる
ひぃぃ
小食
見てっ
なのに、どうして
やせないの〜〜〜
答え、求む
私たちがんばってるのに！

12万人の体を変えた
ダイエットのプロ
南雅子先生
あなたたちがやせないのは、間違ったダイエットをしているからですよ！
誰!?
ガーン
サラダメイン
アルコールがまん
日々の運動でもうヘトヘト
もう食欲ガマンできないっ!!
けっこうがんばってるのにぃ
今の状態で食事制限をしたりハードな運動をしてもやせるどころか、余計太ってしまう可能性があるのよ！

やせない理由を教えます
ダイエットと言えば…こう思っている人が多いですよね
摂取カロリー
−
消費カロリー
＝
体重
でも、中には大食いでやせている人もいますね
が
これが通用するのは20代！
基礎代謝が高い20代は少し運動したり、食事を控えればすぐやせたでしょ。でも、30代からは同じ方法だけではやせられない人が多いの！
たしかに…30代半ばから食事とか我慢しても呪いにかかったようにやせなくなったわ
現実キビシッ

じゃあもう私たちはやせられないの？
一体これからどうしたら…
諦めないで！簡単にやせられるダイエット法があります
それがズバリ
股関節1分ダイエット
あなたたちがやせられないのは股関節が歪んでいるからなの!!
これ、みーんな股関節の歪みが原因！
イカリ肩
ぽっこりオナカ
ムキムキの太もも
デップリおしり

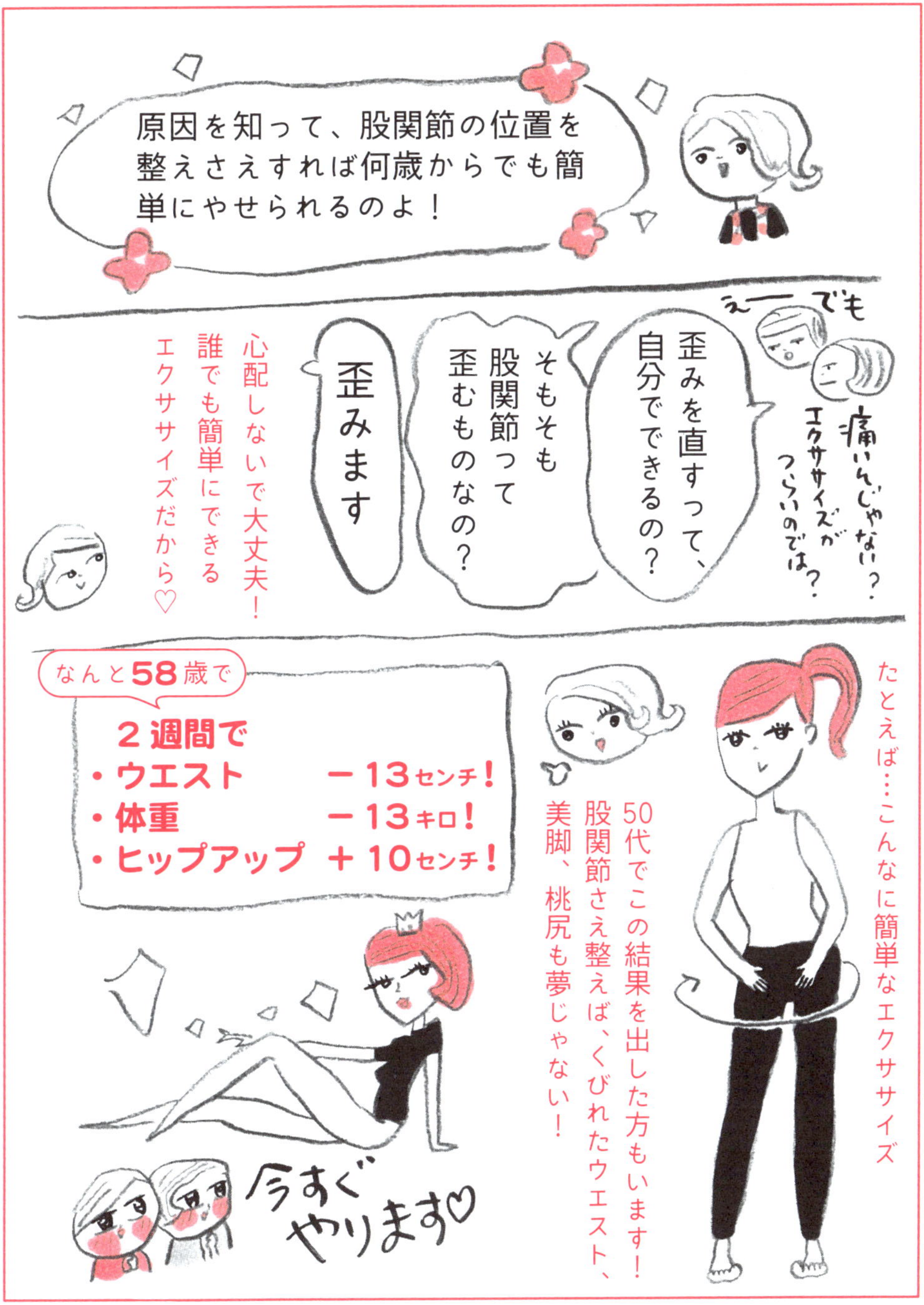
原因を知って、股関節の位置を整えさえすれば何歳からでも簡単にやせられるのよ！
えーでも
痛いんじゃない？
エクササイズがつらいのでは？
歪みを直すって、自分でできるの？
そもそも股関節って歪むものなの？
歪みます
心配しないで大丈夫！誰でも簡単にできるエクササイズだから♡
たとえば…こんなに簡単なエクササイズ
50代でこの結果を出した方もいます！股関節さえ整えば、くびれたウエスト、美脚、桃尻も夢じゃない！
なんと58歳で
2週間で
・ウエスト −13センチ！
・体重 −13キロ！
・ヒップアップ ＋10センチ！
今すぐやります♡

あなたは
大丈夫？

check！

こんなクセや習慣が股関節を歪ませている！

何気なくやっているクセが股関節を歪ませ、「やせられない体」をつくっているかも……！ １つでも当てはまれば、股関節が歪んでいる可能性があります。早速、チェックしてみましょう。

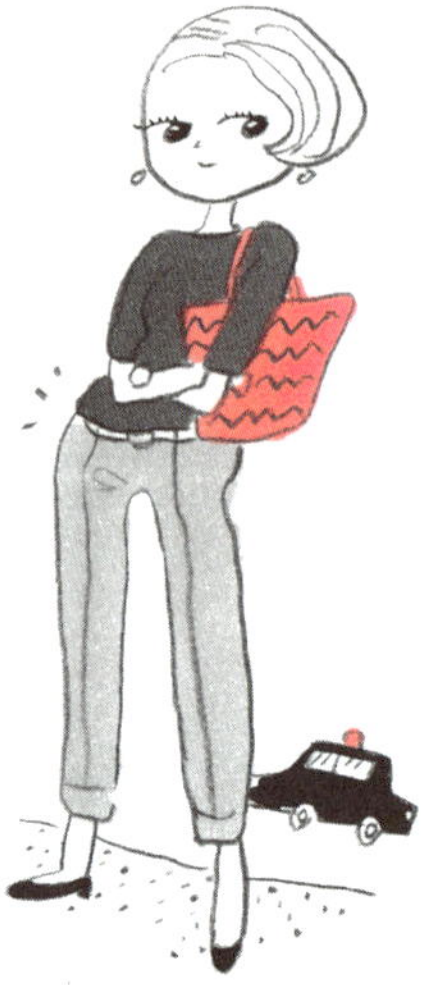

□ 片脚に重心を置いて立つことが多い

□ イスに座るとき、ひざを閉じて、足をハの字にする

□ バッグを片側ばかりで持つ

□ 横座りやぺたんこ座りをよくする

□ 家の中ではスリッパをはく

□ 長時間のデスクワークが多い

□ 腕や脚をよく組む

□ 外股や内股で歩いている

こんな症状を自覚している人も股関節が歪んでいる可能性が高い

□ 立ったまま靴下をはくとふらつく
□ あぐらを組んで座ると、左右でひざの高さが違う
□ 首にシワが多い
□ 仰向けに寝ると、背中が浮く
□ 冷え性である
□ 心配症で悩むことが多い

check！

体は骨格から変わる！ 股関節「1分」ダイエット もくじ

Let's go!

PART 1

どうして股関節でやせられるの？

股関節を正しい状態にするだけで、
誰でもやせ体質に変わります。
なぜ、股関節を整えるだけで
やせられるのか――。
その秘密をお伝えします！

Hip joint

そもそも「股関節」って何？

全身のバランスは股関節で決まる！

上半身と下半身をつなぐ股関節は、上半身の重みを支えながら、左右の脚のバランスを保つ「体の要」ともいえる場所。体を家にたとえると、1階の柱が脚で、股関節は1階の柱と2階をつなぐ重要な部分です。立つ、座る……などの何気ない日常の動作も、全身のバランスを保つ股関節があるからこそ、スムーズにできるのです。

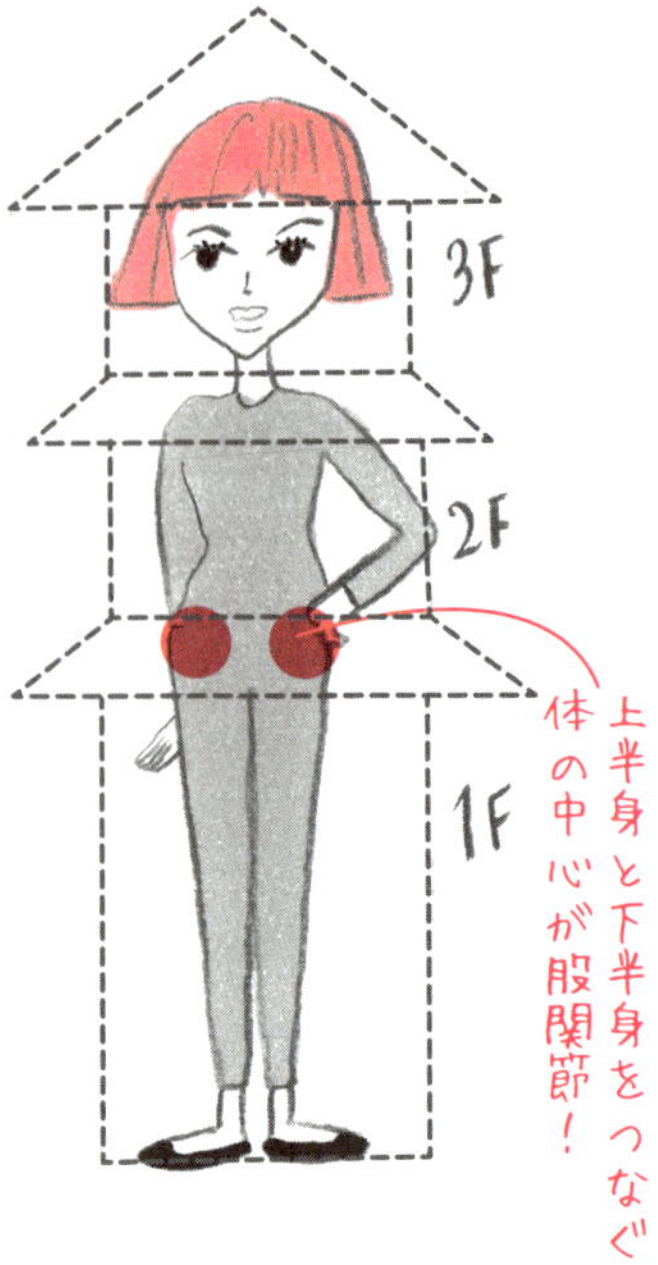
3F
2F
1F
上半身と下半身をつなぐ体の中心が股関節！

上半身をひねるときも
脚を上げるときも
しゃがむときも
股関節があるから
いろんな動きができる！
脚を横にふるときも
座るときも
立つときも

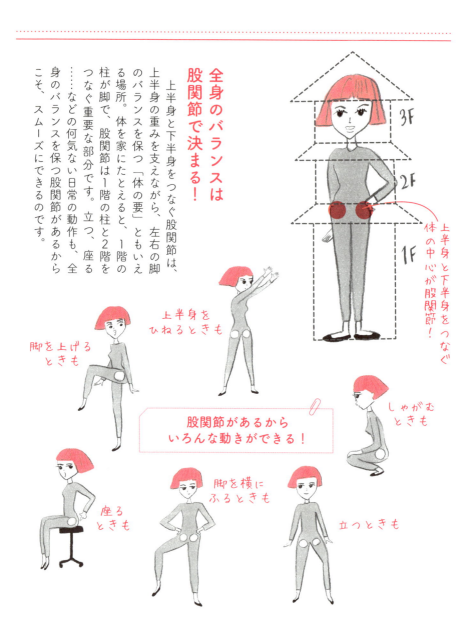

股関節はこうなってる！

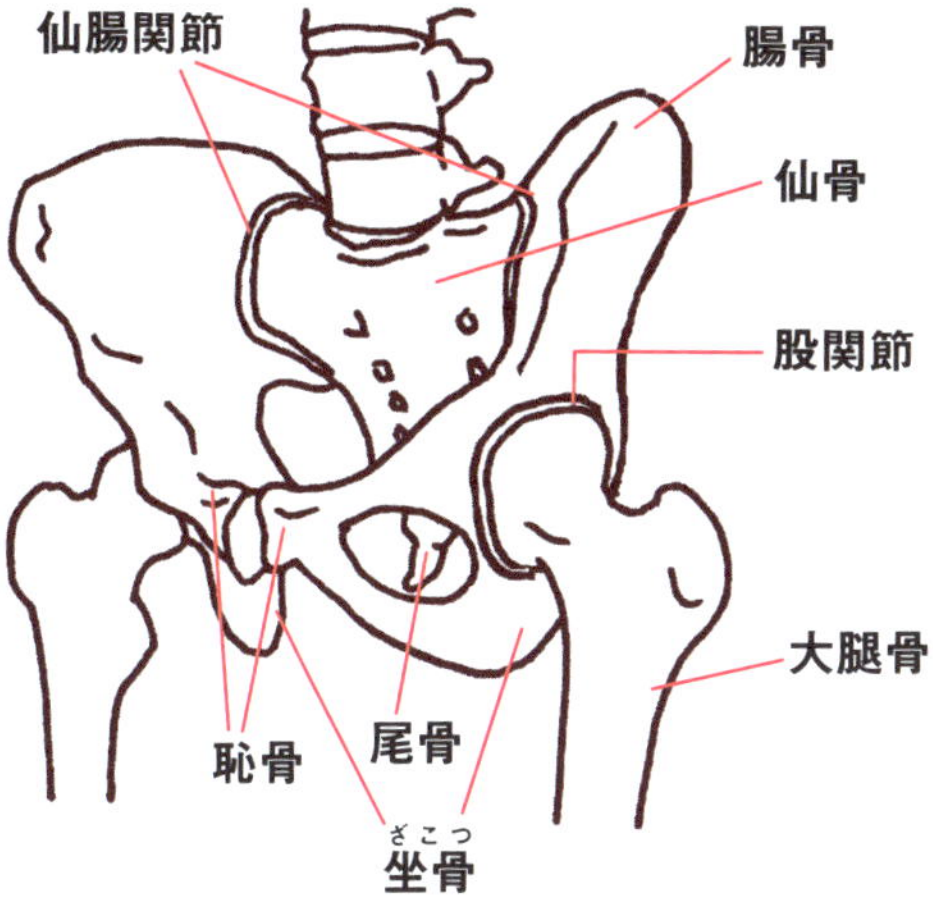
仙腸関節
腸骨
仙骨
股関節
大腿骨
恥骨
尾骨
坐骨《ざこつ》

骨盤と脚の骨をつなぐ関節

骨盤の左右の下に位置するのが、股関節。脚の骨（大腿骨《だいたいこう》）と骨盤をつないでいます。股関節が正しい位置にあれば、両脚もしっかりと骨盤を支えられます。

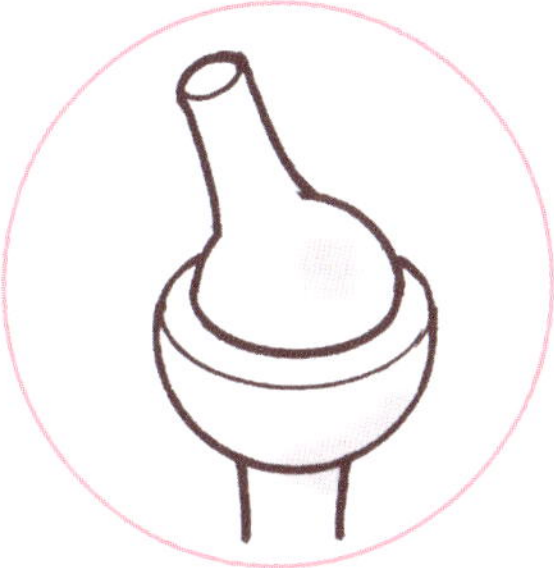

球状だからいろんな方向に動きます！

股関節は「球関節」。球状になっている大腿骨の先端を、骨盤側の骨が受け止める形になっていて、歪みがなければ、どんな方向にも回せます。同じ球関節には「肩関節」があります。

ちなみに…

ひざやひじは「**蝶番関節**《ちょうつがいかんせつ》」といい、できる動きは曲げ伸ばしだけ！

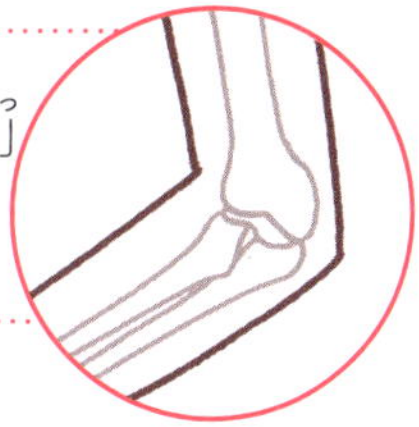

球状の股関節は複雑な動きができる「すごい関節」。でも、いろいろな動きができるからこそ、ズレやすく、上半身を支える役目もしているから、負担がかかって歪みやすいのよ

Hip joint

“股関節のズレ”が体を歪ませる！

股関節は硬いことより“ズレや歪み”が問題！

股関節というと、「硬い」というイメージを持つかもしれませんが、ズレる、歪むと思う人は少ないでしょう。でも、実は体にとってはズレや歪みのほうが問題なのです。

私たちの股関節は誤った生活習慣などで、どんどん歪んでいきます。

股関節が歪むと17ページのイラストのように、骨盤やその上につながる背骨から頭蓋骨《ずがいこつ》まで、全身の骨格が連動して歪みます。すると、崩れたバランスをそれ以上歪ませないために、余分な肉がつき、太っていくのです。

特に骨盤がある腰回りや脚の付け根の股関節回りが太くなります。

股関節がズレて歪むと……

股関節が歪んでいる場合

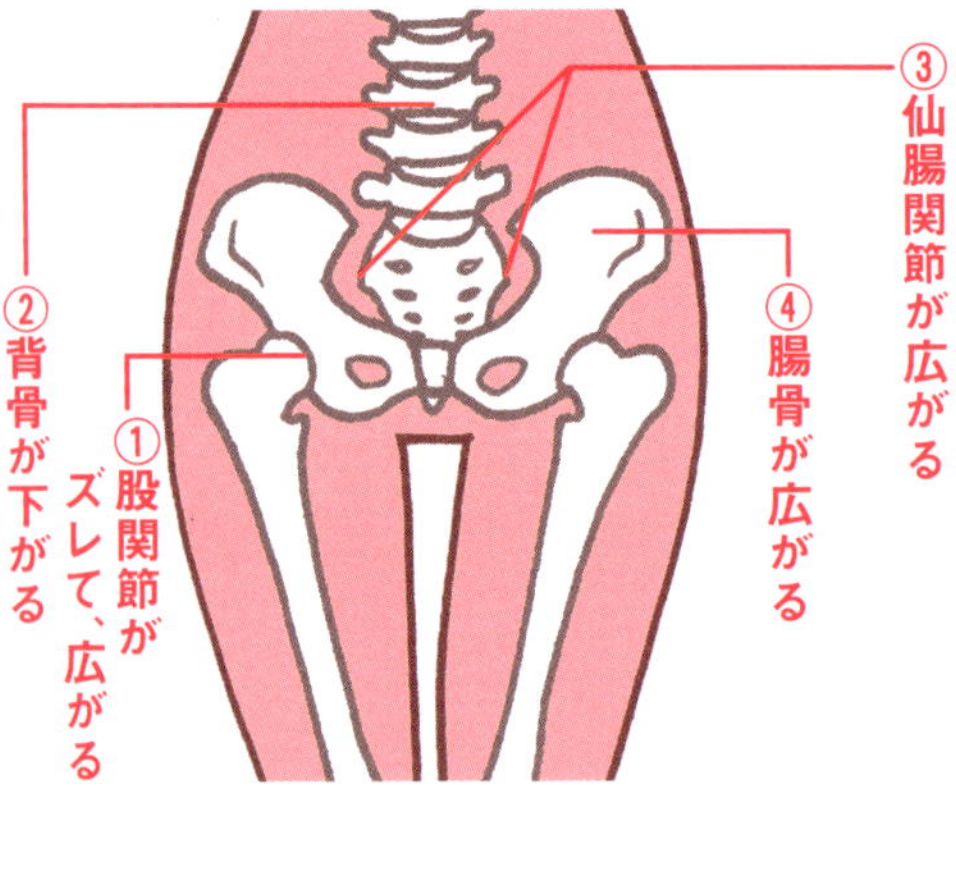
③仙腸関節が広がる
④腸骨が広がる
①股関節がズレて、広がる
②背骨が下がる

股関節が正しい位置にある場合

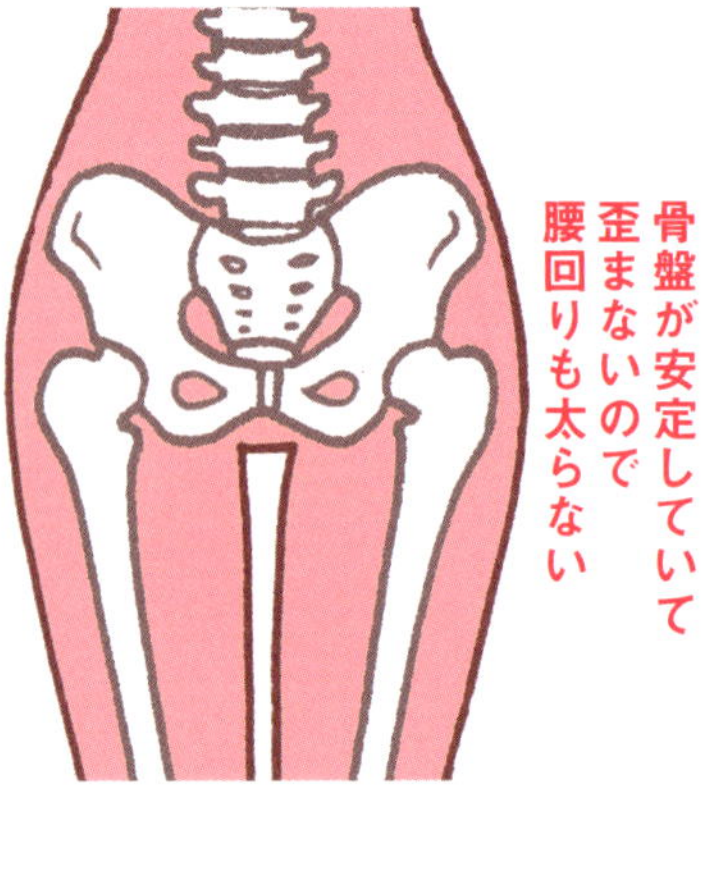
骨盤が安定していて
歪まないので
腰回りも太らない

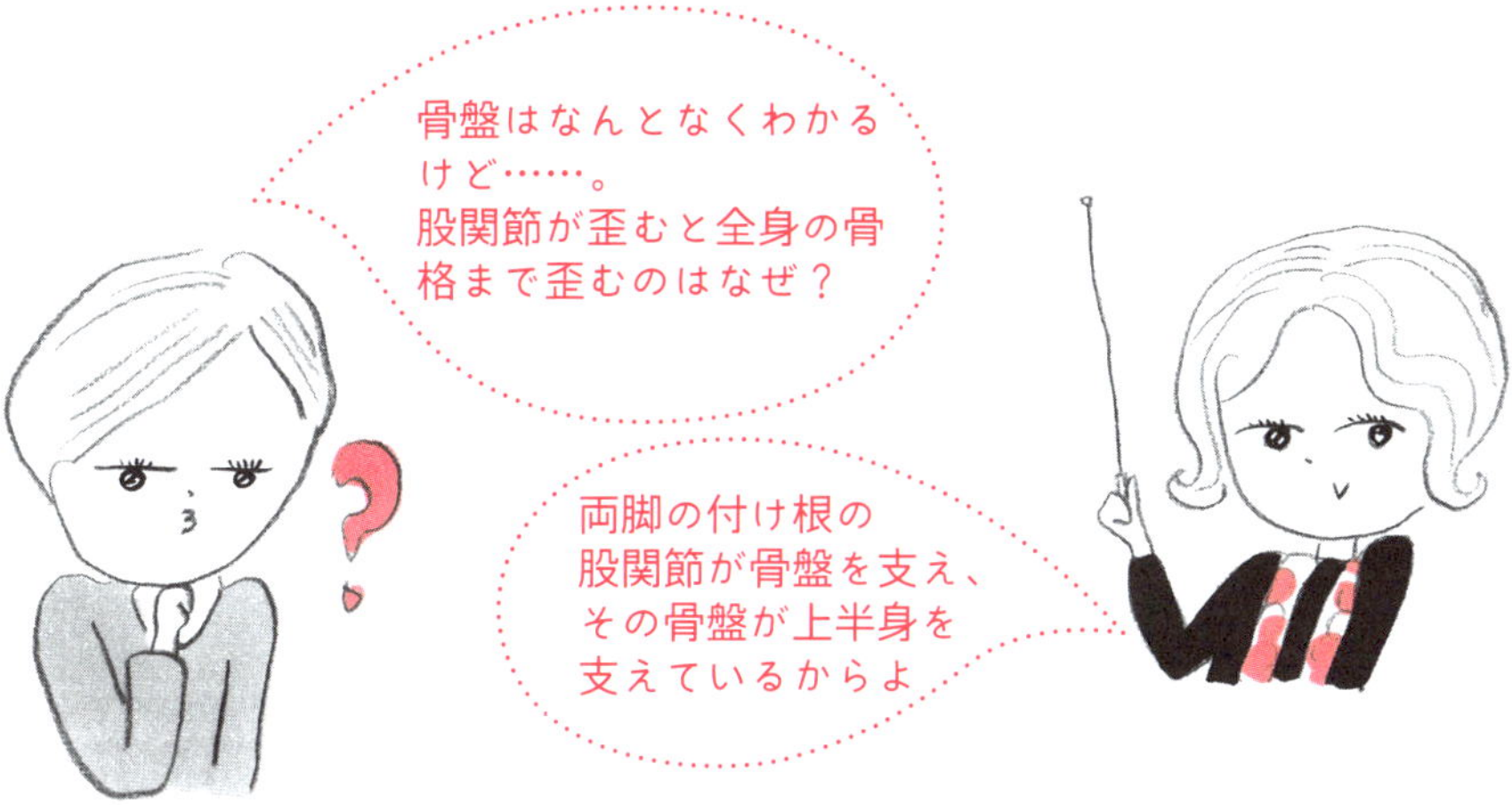
骨盤はなんとなくわかるけど……。
股関節が歪むと全身の骨格まで歪むのはなぜ？
両脚の付け根の股関節が骨盤を支え、その骨盤が上半身を支えているからよ

体の中心「股関節」がズレると、全身がみるみる歪んでいく！

股関節が歪んでいると、両脚の力が上半身までうまく届かず、重い頭の負荷が首や背骨にかかって全身の骨格が歪みます。猫背や前首などの〝本当の原因〞は、股関節にあるのです。

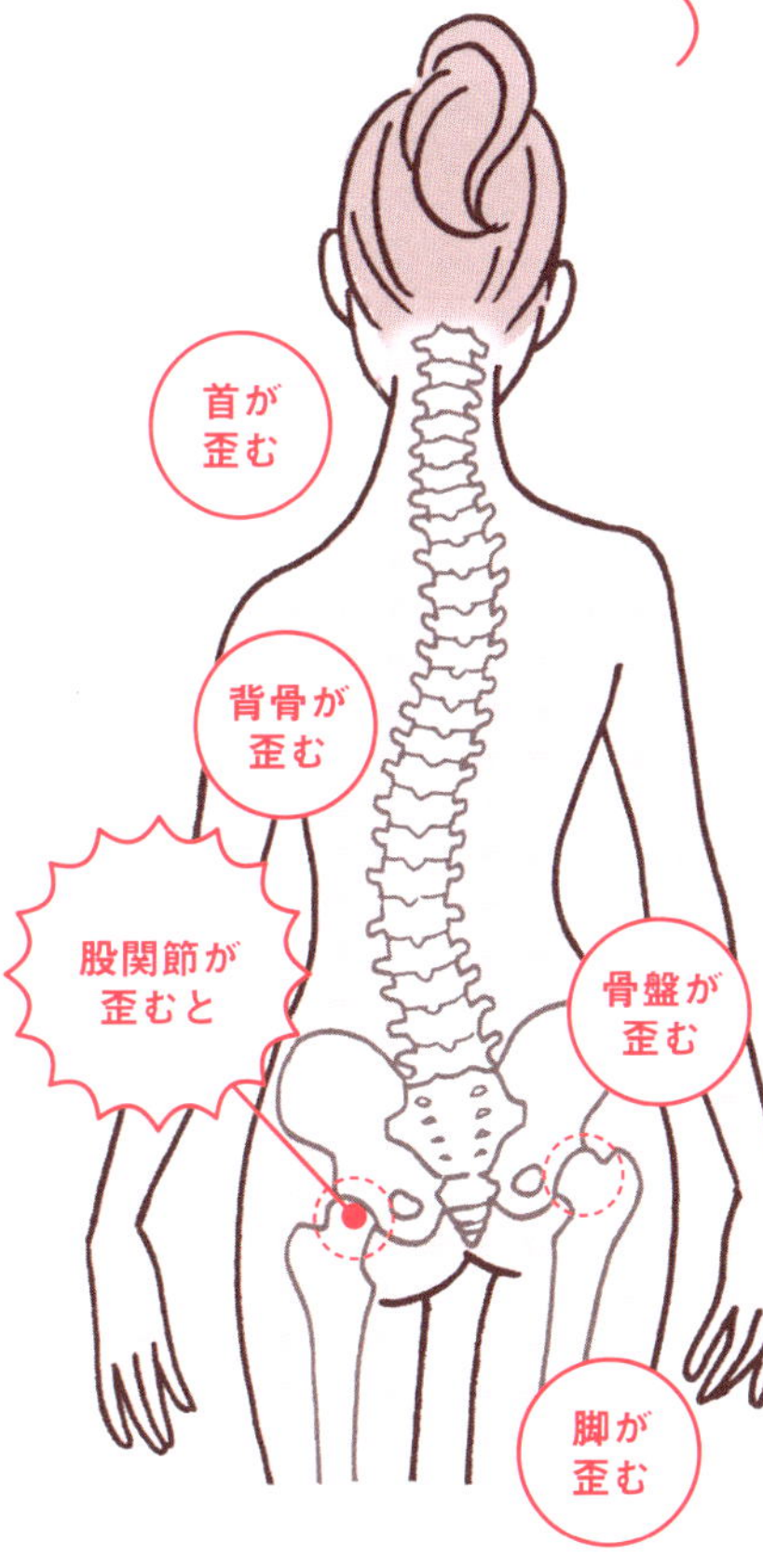
首が歪む
背骨が歪む
股関節が歪むと
骨盤が歪む
脚が歪む

家も柱が傾くとギシギシ

家も２階と１階をつなぐ柱が傾くと、トラブルだらけに。体も同じ！

ポッコリお腹、
脚太、デカ尻…
すべて股関節から
だった…

Hip joint

股関節がズレるから、どんどん太る！

股関節が正しい位置にあると…

股関節が歪んでいると…

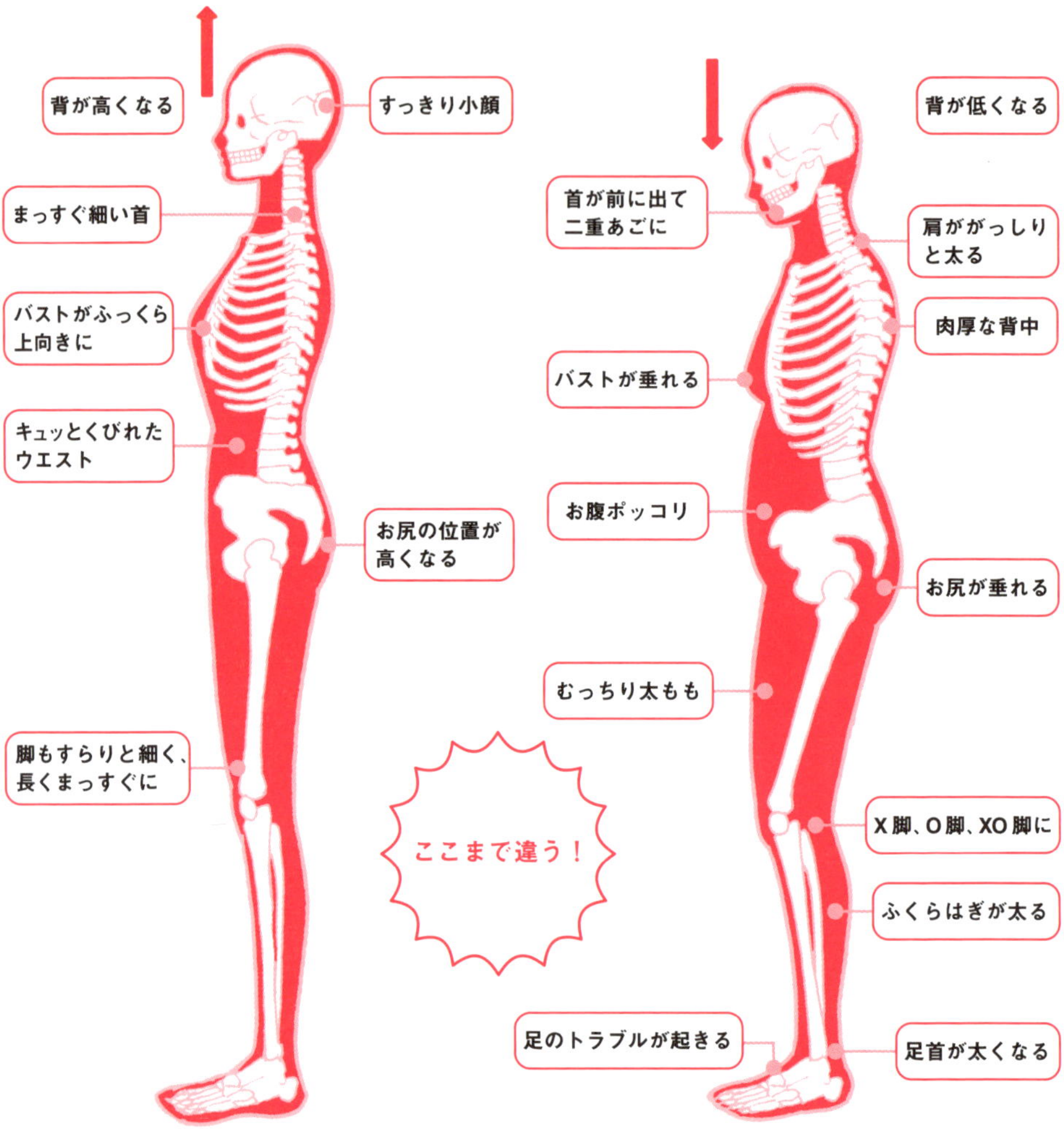

背が高くなる
すっきり小顔
まっすぐ細い首
バストがふっくら上向きに
キュッとくびれたウエスト
お尻の位置が高くなる
脚もすらりと細く、長くまっすぐに
背が低くなる
首が前に出て二重あごに
肩ががっしりと太る
肉厚な背中
バストが垂れる
お腹ポッコリ
お尻が垂れる
むっちり太もも
X脚、O脚、XO脚に
ふくらはぎが太る
足のトラブルが起きる
足首が太くなる
ここまで違う！

骨盤の歪みを招き、ポッコリお腹、出っ尻まっしぐら

股関節が歪むと、お腹に肉がついたり、脚が太くなったりと、全身がみるみる太っていきます。なぜでしょうか。

股関節の歪みによって、体型の決め手となる「全身の骨格」が歪むからです。たとえば、ムダ肉がついて垂れ下がったお尻。これには骨格の歪みが大きく関係しています。股関節の歪みによって骨盤が歪むと、骨盤の中の「尾骨」という骨が後ろにズレます。尾骨が後ろにズレると、そのぶんだけお尻が出るので、出っ尻に、そして前のめりの猫背前肩体型になるのです。このように「股関節が歪む↓崩れる↓崩れたところにムダ肉がつく」というメカニズムで、全身がどんどん太っていきます。

さらに！ **骨格が歪むと、体は歪みを抑えようと、筋肉を硬くしてセルライトをつくり、ムダ肉だらけの体に！**

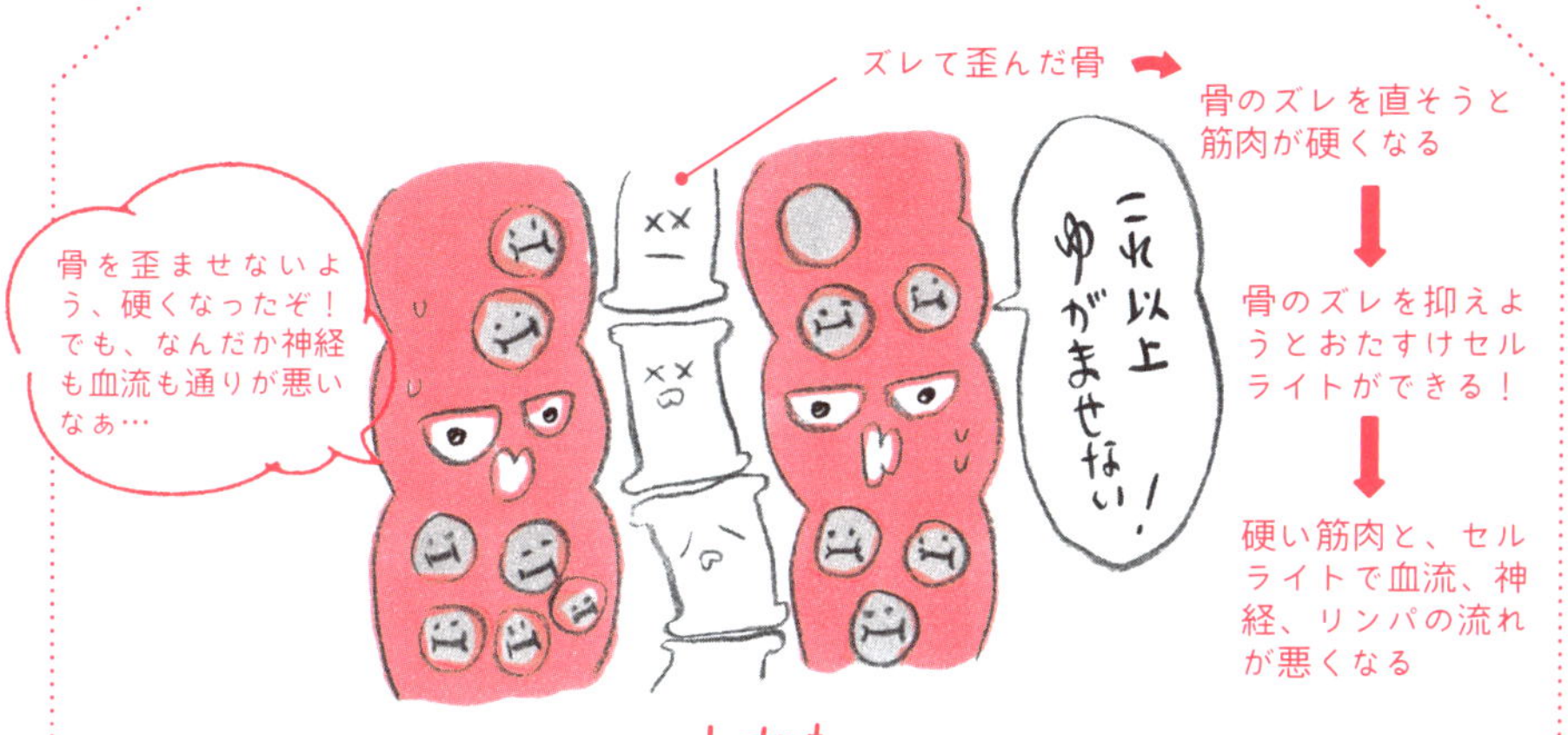
ズレて歪んだ骨
骨のズレを直そうと筋肉が硬くなる
骨のズレを抑えようとおたすけセルライトができる！
硬い筋肉と、セルライトで血流、神経、リンパの流れが悪くなる
骨を歪ませないよう、硬くなったぞ！でも、なんだか神経も血流も通りが悪いなぁ…
これ以上ゆがませない！

しかも…

みっちりセルライトで冷え性に

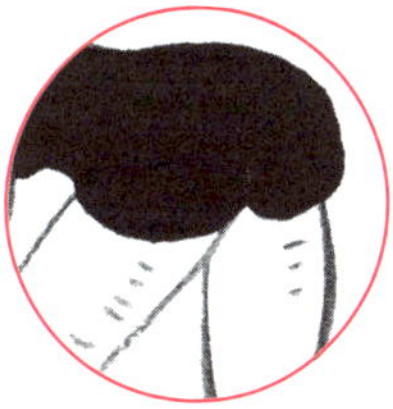

みっちりついたセルライトで体が冷えやすくなり、代謝も落ちてますますやせにくくなります。

足底トラブルで太りやすくなる

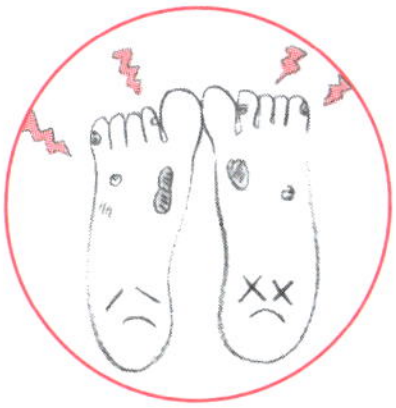

骨格が歪むと足底に余計な負荷がかかって、魚の目やタコなど、足にトラブルが。姿勢がより悪くなり、やせにくい体に。

むくんで顔も脚もパンパン！

リンパや血液の流れが悪くなると、むくんで代謝が落ち、やせにくい体に。また、体がだるくなって太りやすくなります。

もう1度言います！

やせない理由は股関節がズレているからです！

①
生活習慣やいつものクセで
股関節がズレる。骨盤も歪む。

⑥
全身のバランスがどんどん崩れ、内臓も下がり
お腹ポッコリ！お尻ぽってり！

⑦
前のめり、股関節の歪みで
O脚、X脚、XO脚に。

骨格ズレにますます拍車が…。

② 前肩、前首、猫背に。

③ 二重あご、むくみ顔に。首ジワもできる。

猫背になると首が前に出て

④ むくみ、セルライト体質に。

血液やリンパの流れが悪くなり、むくみ、セルライト体質に。

代謝も落ちて太りやすくなる。

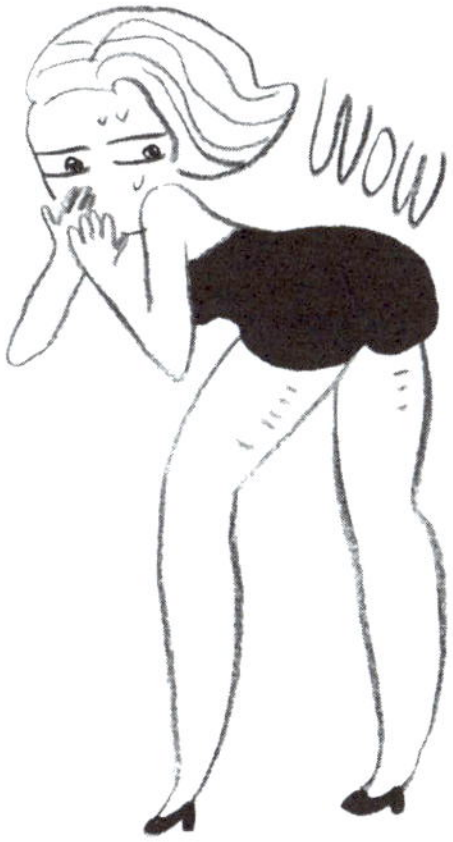

⑤ 疲れる、冷える、だるくなる…。

なんだか、体調不良で、体もうまく動かせない。

でも大丈夫。
朗報！

股関節はズレやすいからこそ
元にも戻しやすいのです！

だから、
たった1分のエクササイズでも
簡単に整えられるんです！

さらに！

股関節が整えば"引き上げ筋"が目覚める

「抗重力筋《こうじゅうりょくきん》」が働けば、ウエストもヒップもキュッ！

股関節が整うと脚がまっすぐになるので、脚の裏側にある「重力に対抗して体を上へと引き上げる筋肉（抗重力筋）」もしっかりと伸ばせるようになります。

抗重力筋が伸びると、抗重力筋とつながるお尻の筋肉も引き上がり、ヒップが高い位置でキープされるのです。さらに、重力に負けずに体のバランスがとれるようになるので、ウエストがくびれ、股関節にかかる負担が減り、体調のよい「骨格美人」になれます。

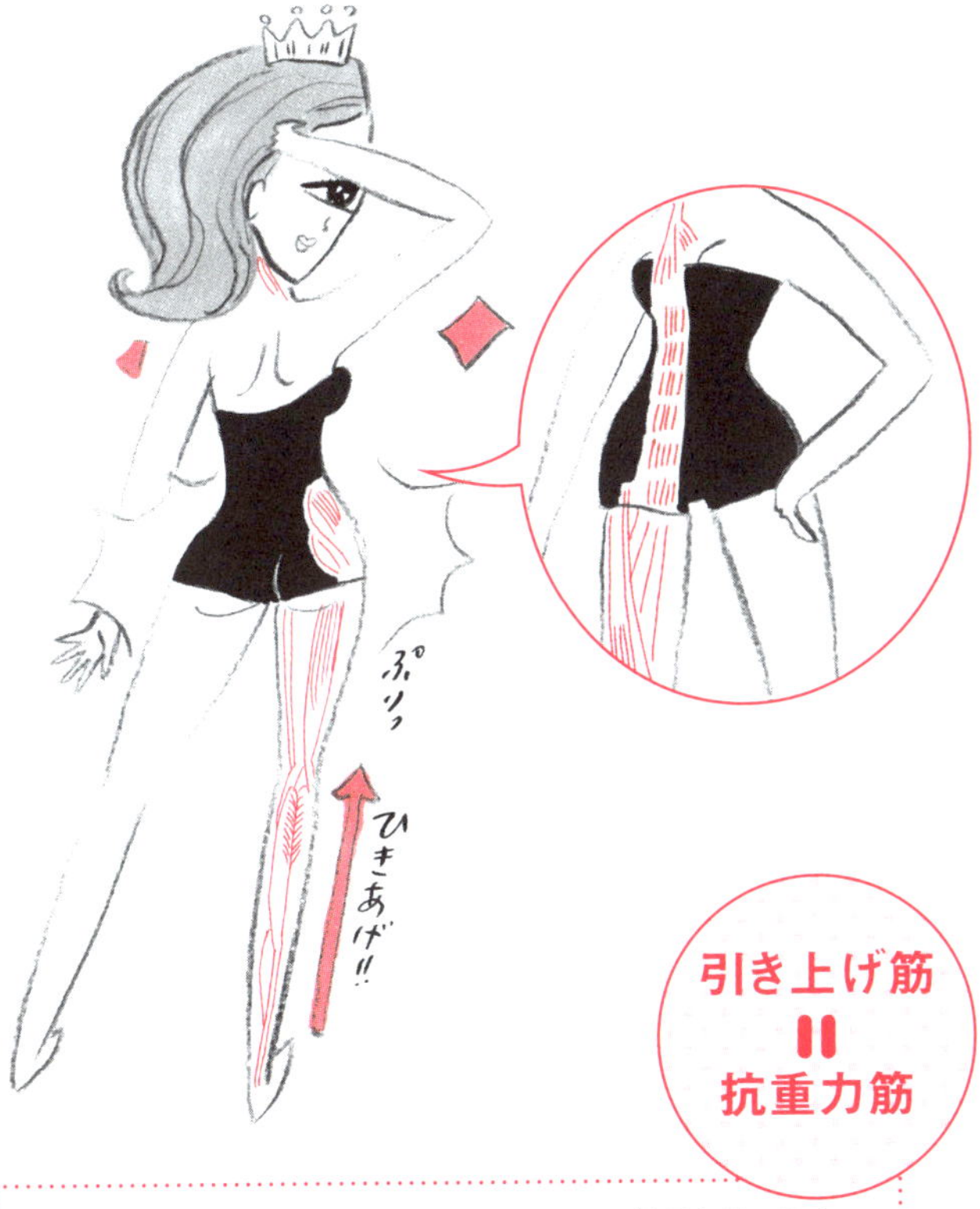

重力に抗うように縦にしなやかに伸びるのが、抗重力筋。足底から頭まで、多くの場所にあります。たとえば、ひざの裏にあるのが足底筋。太もも裏にあるのが、半腱様筋《はんけんようきん》、大腿二頭筋《だいたいにとうきん》。骨盤回りには、腸腰筋《ちょうようきん》などがあり、お腹には腹直筋などがあります。さらに、背骨を支える脊柱起立筋群、胸の上にある小胸筋、首の回りにある胸鎖乳突筋《きょうさにゅうとつきん》、顔や頭を引き上げる側頭筋など、全身に位置しています。

股関節の大切さがわかったら、いよいよエクササイズにうつりましょう
知りたーーい
股関節エクササイズは太っている人ほど、寝たままでできるものから始めてみて！
効果出やすいわよー
え
寝たままでできるの？楽そう！
でもなんで？
寝ると筋肉がリラックスして骨と骨の間を広げやすくなるから、関節のズレや詰まりを正しやすいの
寝ると
骨と骨の間が空きやすい
ふわっ
立つと
ズシッ
立つと骨は縦に重なるから、重みで詰まりやすくなる

実はただ立っているだけでも、股関節には負荷がかかるのよ!

試しに次の計算をしてみてね

身長が150センチ未満の人は…
自分の身長−105

身長が160センチ未満の人は…
自分の身長−110

身長が160センチ以上の人は…
自分の身長−115

出た答えが、
自分の今の体重より
5キロオーバーすると…

立つだけで股関節に負荷がかかっている

We are 歪んで太った人たち
股関節が歪んで太っている人ほど立って運動すると、余計に股関節に負担がかかってしまいます！
つまりこういうこと
スクワット
え
歪んだ股関節が上半身の重みでさらに硬く
ダンベル
うそ
無理な運動で上半身がガチガチ
歪んだ股関節が上半身を支えられず、体の重みで胴長に！
ランニング
やだー
足首、ふくらはぎが太くなり足にもトラブルが
頑張って運動しても股関節がズレれば太りやすくなるだけなんです！関節詰まりをとってから、筋肉と骨を鍛えましょう

だからこそ！ 体重が気になる人ほど、まずは寝たり座ったりするエクササイズで股関節を脚からほぐすのが大事なの
座ってできる ひざ裏ほぐし
えーラクー
寝てできる おしりたたき
負荷なし！
順番が重要よ！
寝たり座ったりしていると、上半身からの負荷がかからない。股関節が圧迫されないからほぐれやすいのね！
なるほどねー

寝る前にエクササイズをすると効果的。1日の歪みがとれ、睡眠中の代謝が上がってやせるわよ！

その日のうちにリセット！

テレビや音楽を楽しみながら〜

ベッドでリラックスしながら〜

やります
楽そうだし、なんか気持ちよさそう
私たちの呪いがとけるのねっ!!

股関節が整えば楽にやせる体になります！まず、やってみましょう！

PART 2

たった4つの「股関節エクササイズ」で今すぐスタイルが変わる！

ここから、股関節を整える
〝最強のエクササイズ〟を紹介します。
エクササイズはたったの4つ。
どれも簡単な動きで時間も1分足らず。
早速始めていきましょう！

4つの「股関節エクササイズ」で、やせる秘密

たった4つのエクササイズをするだけで、どうして股関節を正しい状態に戻せるのか。エクササイズに入る前にその秘密を押さえておきましょう。

股関節回りや下半身の固まった筋肉をほぐす

ひざ裏を床にトントンとつけたり、お尻を足でたたいたり……体に軽い振動を与えて、固まった筋肉を柔軟にします。筋肉がやわらかくなると、股関節をはじめとする骨と骨を連接する関節があるべき位置に戻りやすくなります。

＋

縮まった抗重力筋を伸ばす

股関節エクササイズには、脚の後ろ側などにある抗重力筋を刺激し、しっかり伸ばす動きがたくさんあります。抗重力筋が縦にしなやかに伸びると、股関節が正しい位置に。さらにほかの筋肉も本来の伸縮自在な筋肉に戻るので、股関節がズレにくくなります。

＋

股関節エクササイズでは
この３つの作用が、
同時に働くの！

始める前に覚えておこう！

骨格の歪みをとり、関節の間を空ける

股関節の歪みをとりながら、ひざ関節や足首など下半身の骨格の歪みをとり、正しい位置に導きます。さらに、抗重力筋もよく伸びるようになるので、接近していた関節の間がしっかり広がります。

股関節が正しい位置にクセづき、やせられる！

4つのエクササイズの前にウォーミングアップをすると、より効果が出ます。4つのエクササイズは好きなものから始めてみてね！

ウォーミングアップ

- コロンコロン体操　34ページ
- お尻歩き　36ページ

4つのエクササイズ

- **ひざ裏ほぐし**　38ページ〜
  股関節を柔軟にして、正しい位置へ。股関節歪みの原因「硬いひざ裏」をやわらかくして脚をまっすぐに。
- **お尻たたき**　42ページ〜
  硬くなった股関節をゆるめ、骨盤の骨を正しい位置に。
- **寝てひざ倒し**　46ページ〜
  股関節の歪みを改善しつつ、脚の関節の歪み直しも。
- **股関節回し**　50ページ〜
  股関節のズレを防ぎ、負荷を減らしながら骨盤を立てる。

エクササイズの前にまずは「股関節の歪み」をチェックしてみて！

check！

股関節の歪みがわかる
50歩チェック

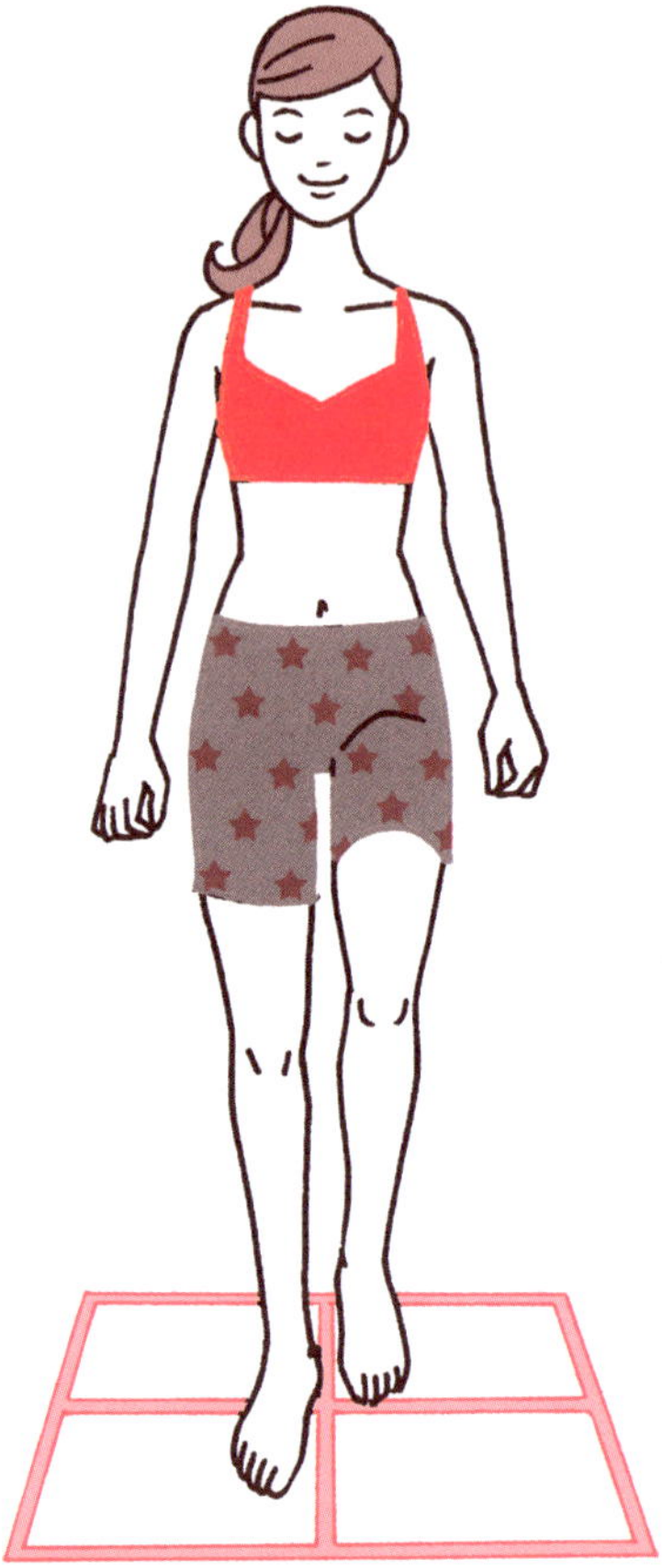

周囲に障害物がない静かなところで、床に十字の印をつけ、中心に両足を置きます。目を閉じて、その場で50数えながら足踏みを50歩。目を開けたときに、両足がどの位置にあるかで股関節の状態がチェックできます。

結果判定！

50歩足踏みをし終わって目を開けたとき、あなたはどの位置にいましたか？ 下の図を参考に、自分が立っていた場所を確認してみましょう。

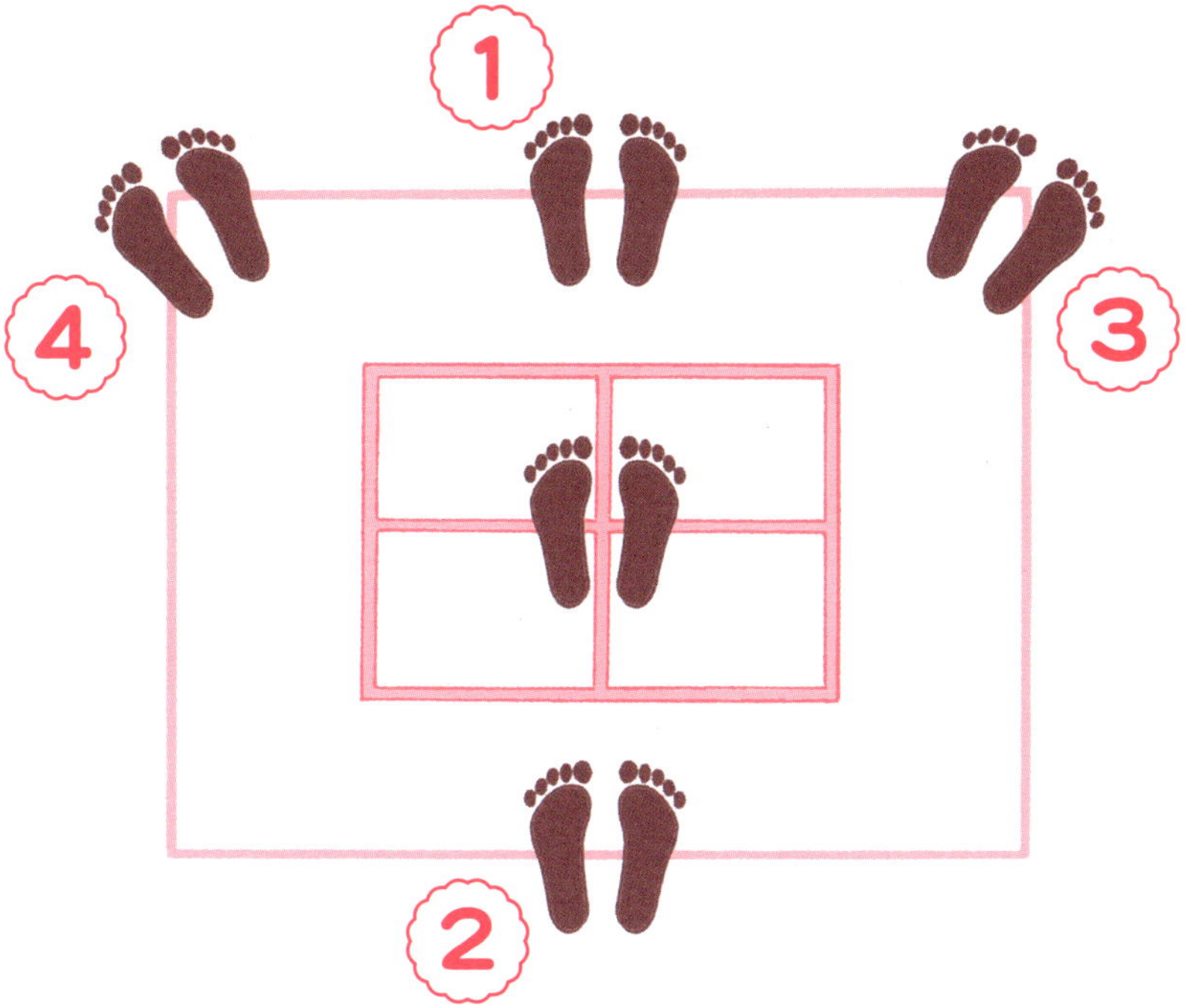

③の人は…左利き脚タイプ

左側の股関節が右側よりも硬く、左側の脚、太もも、腰に力が入っているタイプ。左側の股関節が歪んでいるため、左脚は付け根あたりから横に張り出し、太くなります。エクササイズでは、左側を右側より多めにおこないましょう。

①の人は…前かがみタイプ

首が前に出て、上半身が前かがみになりやすい、いわゆる猫背タイプ。体の重心も前にブレています。股関節は前側にズレ込んで歪んでいるので、腰回りから太ももの筋肉が太くなる傾向に。

④の人は…右利き脚タイプ

右側の股関節が歪んで硬くなっていて、右側の脚、太もも、腰が左脚よりも強いタイプです。腰回りや太もも、脚の張りは、左よりも右に強くあらわれます。エクササイズでは、右側を左側より多めにおこないましょう。

②の人は…後ろ反りタイプ

背中の反り返りが強く、あごが上がって、お尻をつき出すような姿勢が特徴のタイプ。股関節がズレて骨盤も前傾しているため、バランスをとろうと、背中の湾曲が強くなっていきます。

股関節の柔軟性を高める！

ウォーミングアップ1

コロンコロン体操

股関節をやわらかくし、エクササイズの効果を高めます。体操が終わったら、足裏を合わせたあぐらをもう1度やってみて。股関節がやわらかくなっているので「ひざの高さ」が始める前より低くなっているはず。

1

足裏を合わせて、
床に座りましょう

体の中心に、
両足がくるようにセット！

Check!

ひざの高さで、
股関節の硬さがわかる！

片方のひざが高くなる人は、高い脚の股関節が硬いので、ひざが高いほうを重点的にコロンコロンしてみて。

2

骨盤を立てて
背筋を伸ばしたら、
顔は正面へ

手はキツネ手に！

親指の爪を中指の第1関節にあてて、他の指は伸ばす。腕から余分な力が抜けて、関節がほぐれやすくなります。

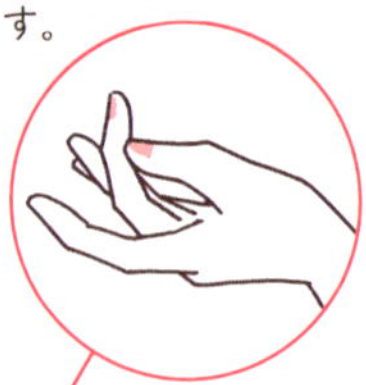

手首は
ひざの上に

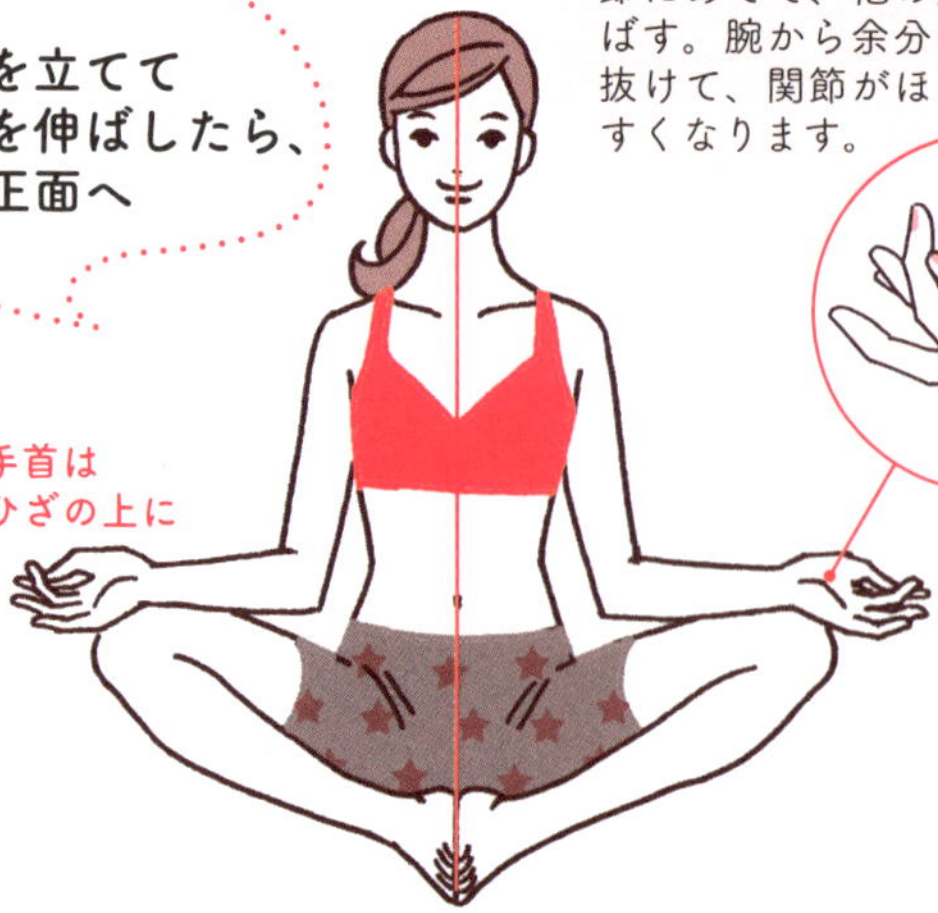

足裏はピタリとくっつけたまま！

3

右ひじを
曲げたままひざ上の
右手に重心をかけて、
右側前方へコロン

右手をひざから離して上半身を脱力しつつ、コロンと元の体勢へ戻りましょう

4

右と同じように
左ひじを曲げたまま
左側前方にコロン

左手をひざから離して上半身を脱力しつつ、コロンと元の体勢へ戻りましょう

❶〜❹を、3セットやって終了。どちらかのひざが高ければ、高いほうだけ、さらに4回続けてコロンコロンしましょう。

骨盤を
左右対称に
する！

ウォーミングアップ2

お尻歩き

骨盤を左右対称にしつつ、股関節をやわらかくします。お尻で後ろに歩いていくので、畳み1畳ぶんのスペースを後ろに確保してから始めるようにしましょう。

1

両足の裏を体の
中央で合わせて
座りましょう

首を伸ばして
目線は下げない！

おへそを背中側へ引きつ
つみぞおちを上げる

合わせた足を、
できるだけ体のほうに
引き寄せる

Point!

体が左右一方に傾く人は、まずお尻の肉の位置を整えてみましょう。すると骨盤が立ち、正しい姿勢になり、お腹が引っ込みます。

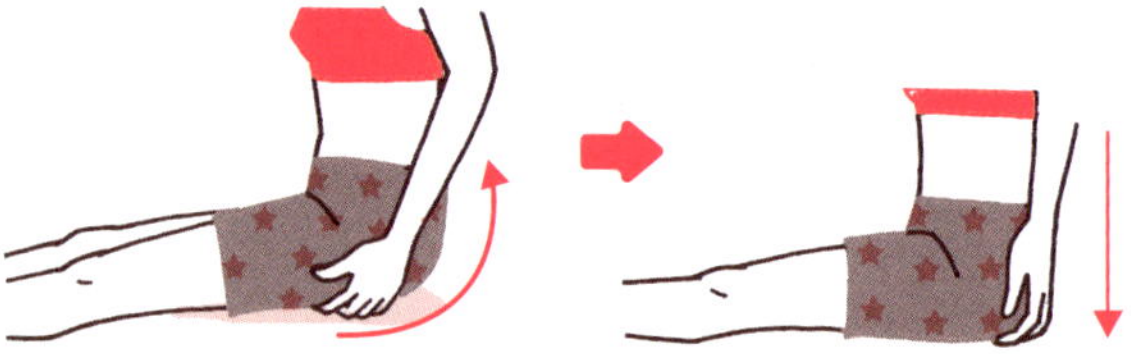

手を熊手のようにして
太もも裏まで入れ、
肉を下から上に引き上げます。

そっと指を離しましょう。
反対側も同様に。
すると、骨盤が立ち、
背筋も伸びます。

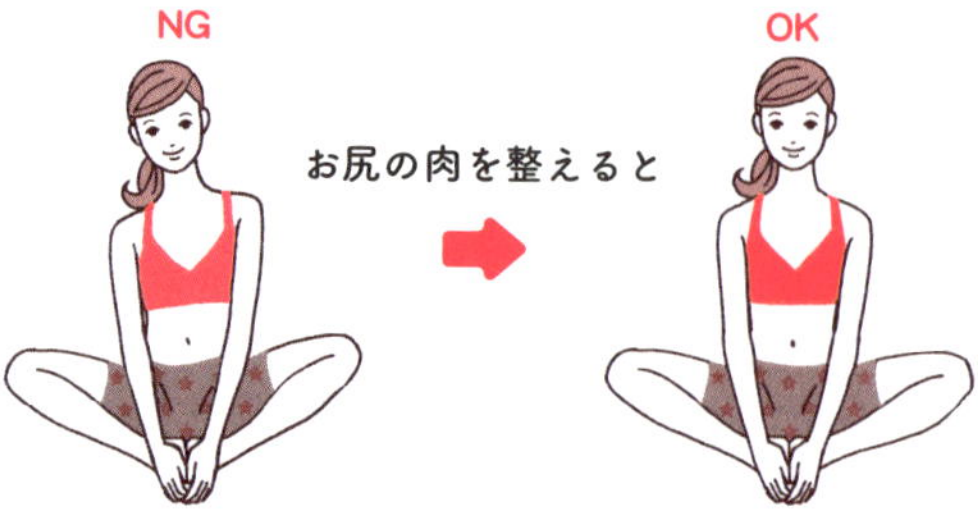

骨盤が傾いて、
左右アンバランス

体が左右対称に

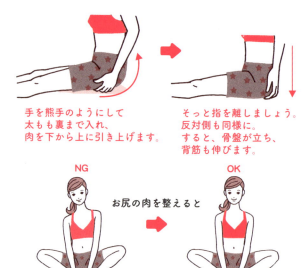

2

お尻下（後ろ側の脚の付け根あたり）だけを使い、後方へ進みます。
手と足はその場に残したまま、股関節を後ろに運ぶイメージで、まず1歩

おへそは内に引き、
下腹は出さない！

続けて、逆側のお尻を1歩後ろへ

リズミカルにね♪

これはNG！

背筋を
丸めないように
注意して！

左右合計で
4〜6歩
後ろへ

3

体の中心で
両足の裏を合わせたまま、
足を体のほうに引き寄せ
1の姿勢に戻りましょう

Let's exercise

エクササイズ1

ひざ裏ほぐし

〝硬く曲がったひざ関節〟が
股関節を歪ませる！
ひざ裏をほぐして、
脚の裏側の筋肉を伸ばし、関節を正す！

エクササイズのやり方は次のページへ！

股関節だけじゃない！
脚裏の抗重力筋にまで効く！

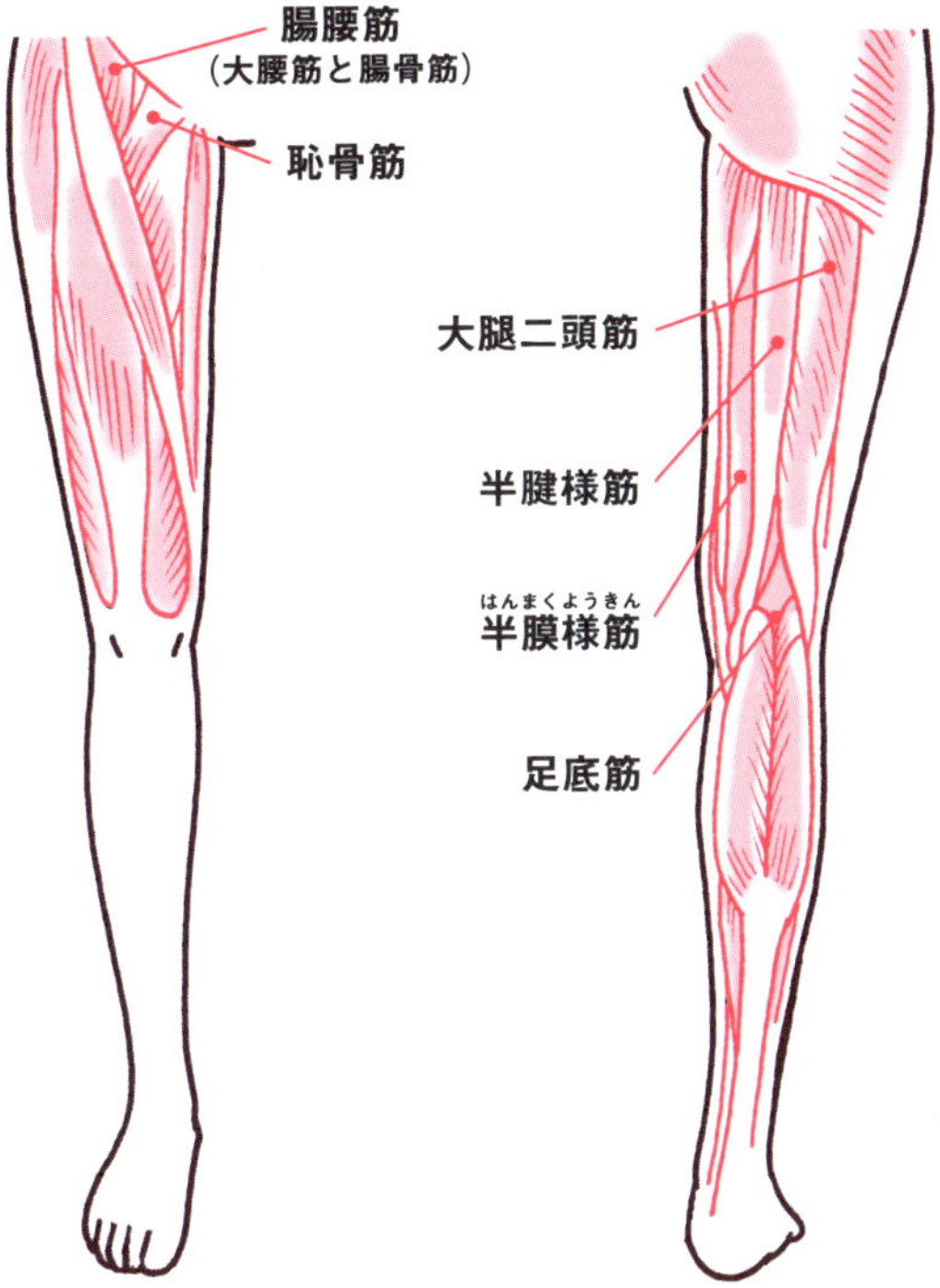
腸腰筋
（大腰筋と腸骨筋）
恥骨筋
大腿二頭筋
半腱様筋
半膜様筋《はんまくようきん》
足底筋

ひざ裏から 固まった筋肉を柔軟に

最初にご紹介するひざ裏ほぐしは、ひざの裏を軽くトントンと上げ下げするエクササイズです。上げ下げするときの振動によって、固まった股関節やひざ関節をほぐし、正しい位置に調整します。

脚の裏側にある「重力に逆らって体の重みを支える筋肉（抗重力筋）」にも刺激を与え、伸縮のよいしなやかな筋肉にすることができます。

また、太ももの前側にあり、骨盤を立てる役目をする腸骨筋や恥骨筋も発達して、太もも前面の張りが消えるのでバランスのよい美脚に変わります。

Let's go！

Let's exercise

エクササイズ1

ひざ裏ほぐし

ひざ裏で床をトントンたたき、ガチガチの太ももや曲がって固まったひざ裏などの筋肉をほぐし、まっすぐな縦筋に変身させます。

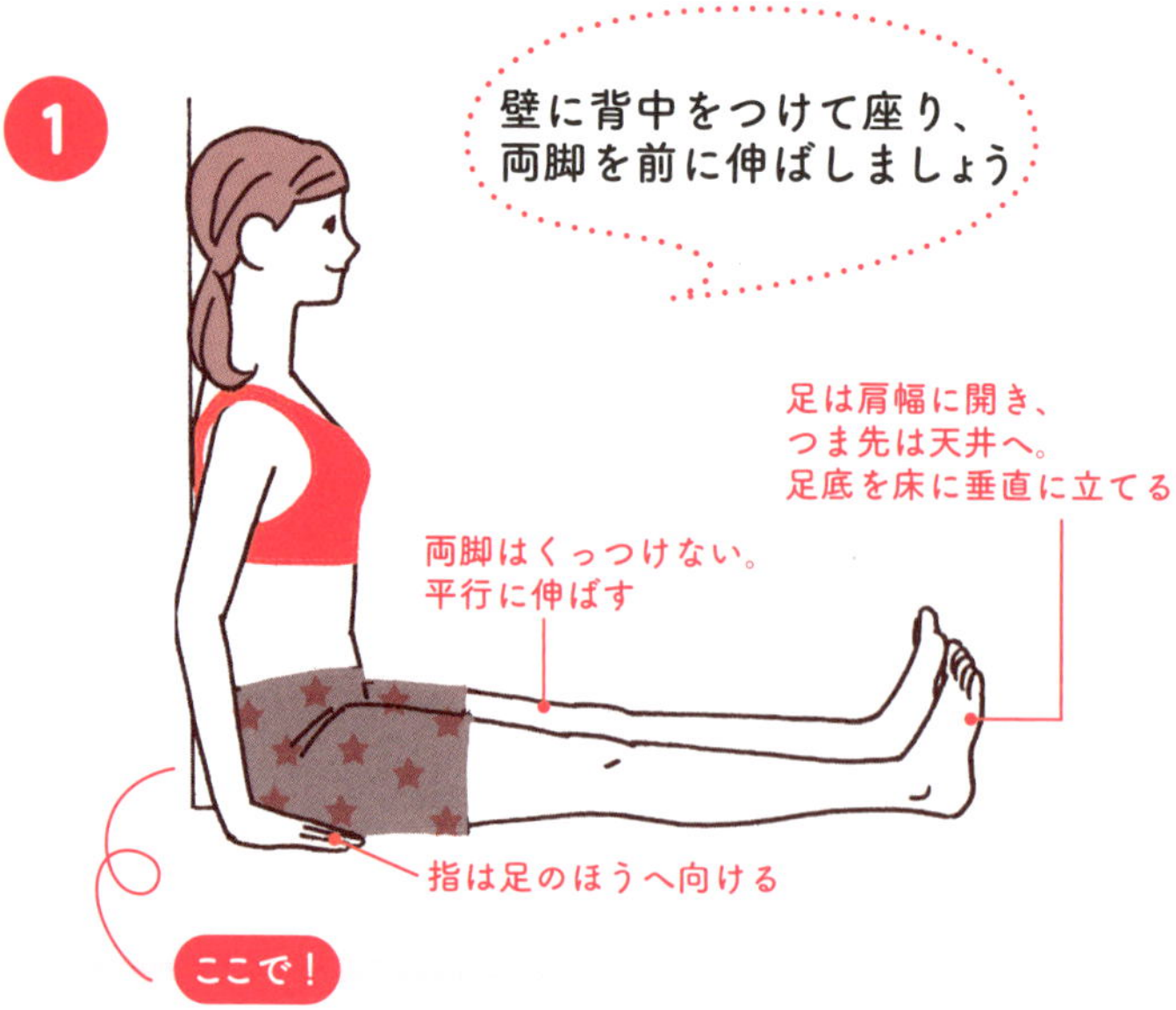

1
壁に背中をつけて座り、両脚を前に伸ばしましょう
足は肩幅に開き、つま先は天井へ。足底を床に垂直に立てる
両脚はくっつけない。平行に伸ばす
指は足のほうへ向ける
ここで！

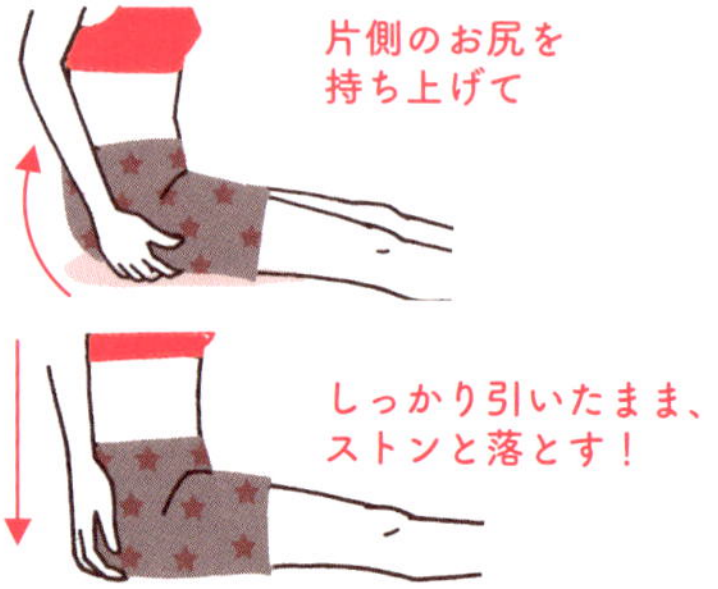

片側のお尻を持ち上げて
しっかり引いたまま、ストンと落とす！

太もも裏、お尻にある余分なお肉を熊手にしたような手で引き上げ、お腹を引きつつ、落とします。片側をやったら反対側も同様に。骨盤が立ち、姿勢が安定！

トントンしても、ひざ裏が床につきません…
ひざ裏が床につかないのは、股関節やひざ関節歪みの証拠！無理せず、少しずつほぐしましょう

2

壁に背中をつけたまま、
右手を太もも上に。
左手は、お腹に
あてましょう

左脚はそのまままっすぐ。
右脚を30度ほど開き、
右ひざを軽く曲げる伸ばすを、トントントンと10回リズミカルにくり返します

お腹は引っ込めたまま！
つま先は
天井へ向ける

ここがPOINT！


たたきつけるのはNG！

ひざ裏を「床に落とす」

「脱力しながら伸ばす」

イメージ

3

床をするように右脚を
45度ほど開き、ひざを
上げ下げしながら床を
トントン。
10回くり返したら、さらに
右脚を60度ほど開いて、
同じようにトントン

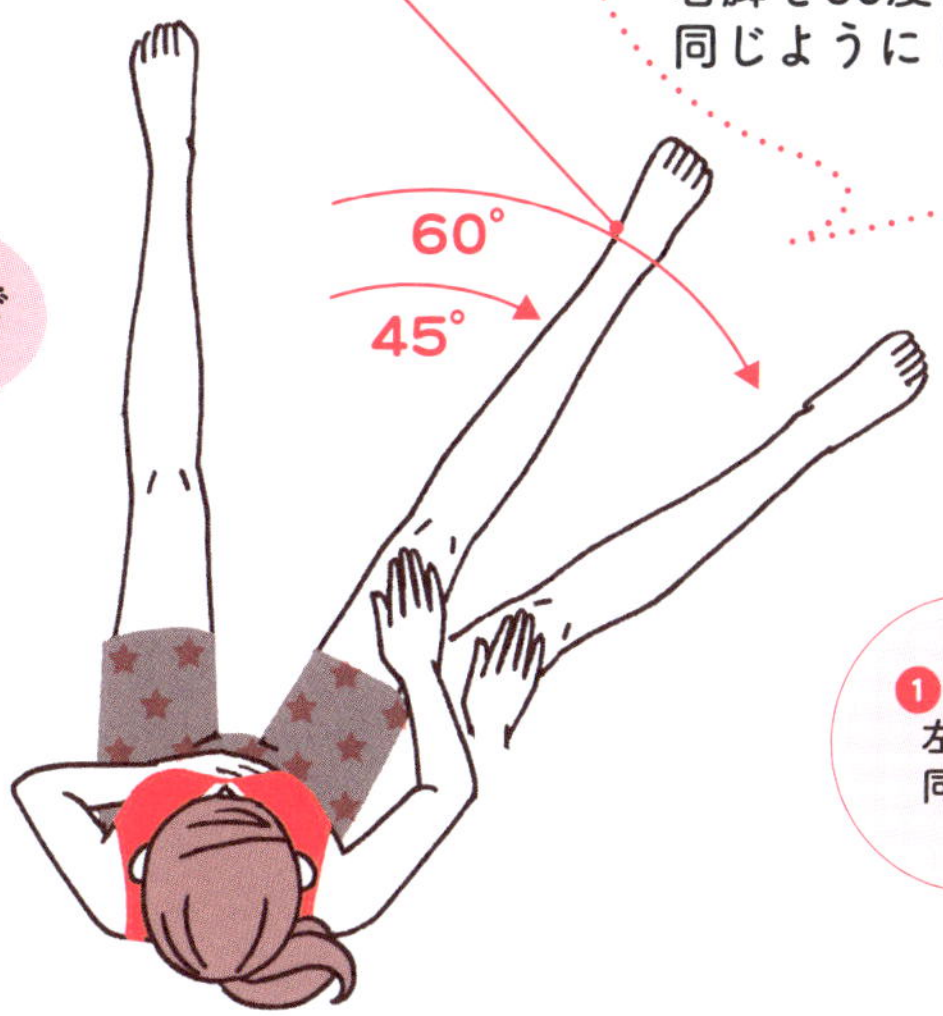
ひざ裏とかかとで、
するように開脚
60°
45°

開脚はできる角度までで
OKよ！

1～3を
左側も
同様に

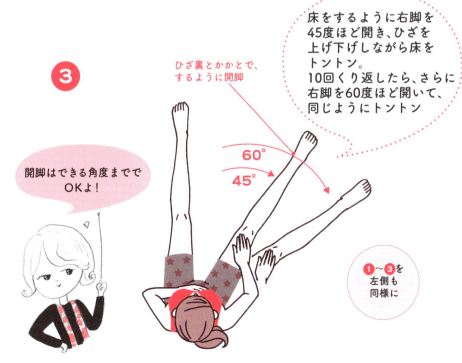

Let's exercise

エクササイズ2
お尻たたき

お尻をたたいて、
硬くなった股関節を
思いきりゆるめる！
恥骨と尾骨の位置も整い、
骨盤が正しい形に

美尻と美脚が
同時に手に入る

股関節だけじゃない！
恥骨と尾骨が変わる！

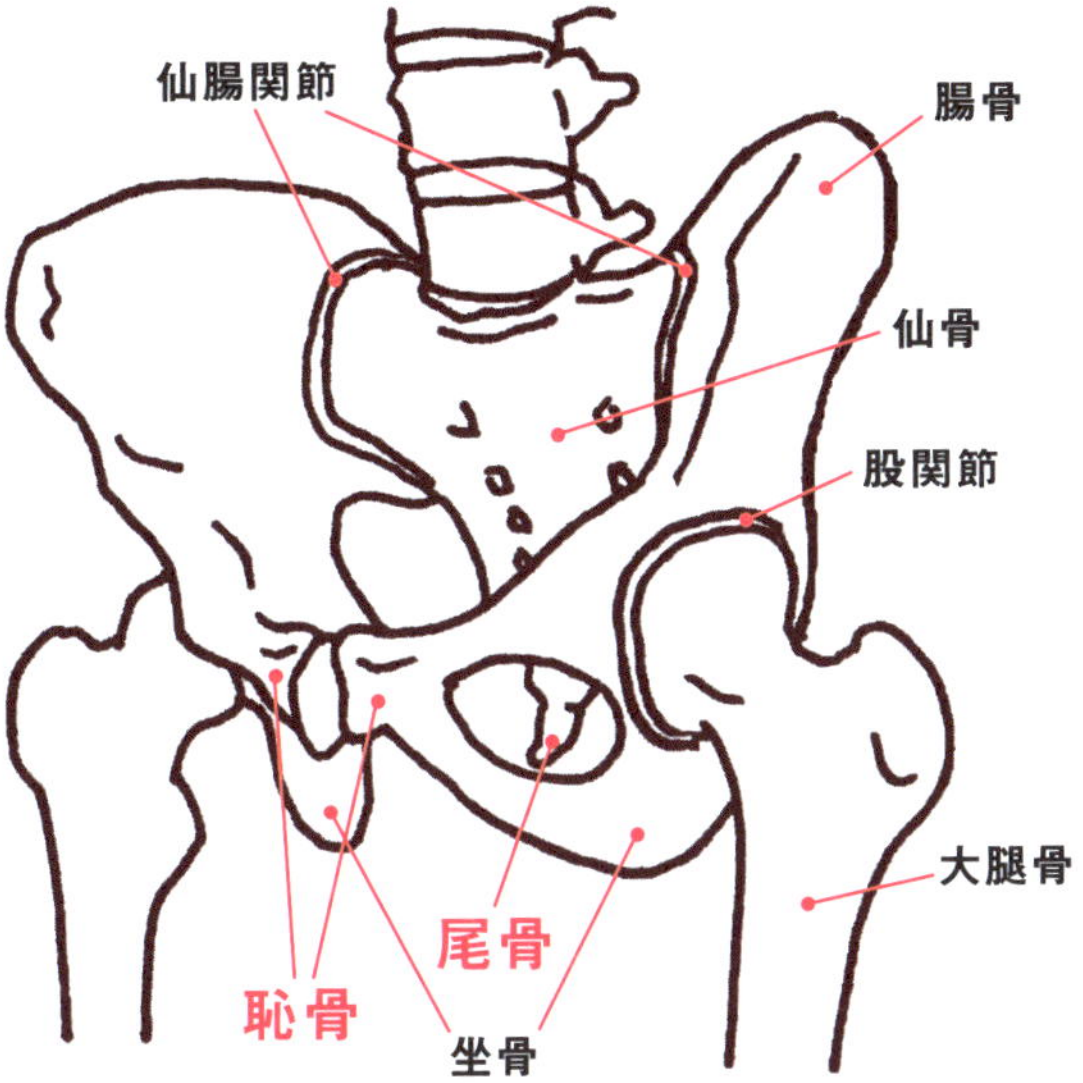

エクササイズのやり方は次のページへ！

骨盤を正しい形に戻せる！

お尻たたきでは、うつ伏せ寝になって自分のかかとでお尻をトントンたたき、硬い股関節をほぐして、重力に抗う筋肉「抗重力筋」を鍛えます。抗重力筋が伸びるようになるので、お尻の位置が高くなったことを実感できるはず。また、お尻たたきではうつ伏せ寝になるので、骨盤をつくる5つの骨や股関節、仙腸関節の位置が正され、無理なく体の前面に恥骨を出せるようになります。恥骨が前に出ると、尾骨も自然と内側に入り、骨盤や股関節も正しい位置に。こうして、骨盤全体が正しい形を維持できるようになると、仙腸関節も正しく働くようになり、背骨や上半身の筋肉まで正しい位置で維持できるようになるのです。

Let's exercise

エクササイズ2

お尻たたき

脚の付け根と恥骨をグッと床につけ、お尻をかかとでトントンたたくエクササイズ。目の前に鏡を置き、「自分の肩や腕が左右対称になっているか」を確認しながらおこなうと効果アップ！

1 うつ伏せになり、脚を肩幅より少し広めに開きましょう。ひじを床について、胸から上を床から浮かせたら、左ひざと太ももが直角になるように曲げます

手の指はあごに添える
このポーズをすると、自然と背中や肩がリラックス

足指を曲げよう！
足裏にアーチをつくると、余分な力が抜ける

ここがPOINT！
恥骨を床にぐーっと押しつけて！

2

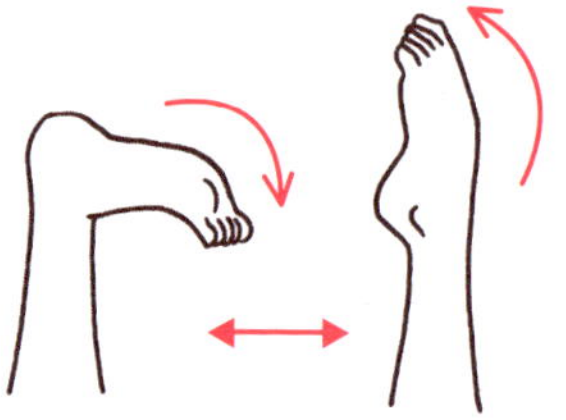

1の体勢で左足首を曲げる、伸ばすを10回くり返しましょう

最初はうまく足首が動かせなくても大丈夫。慣れてくると、動かせます

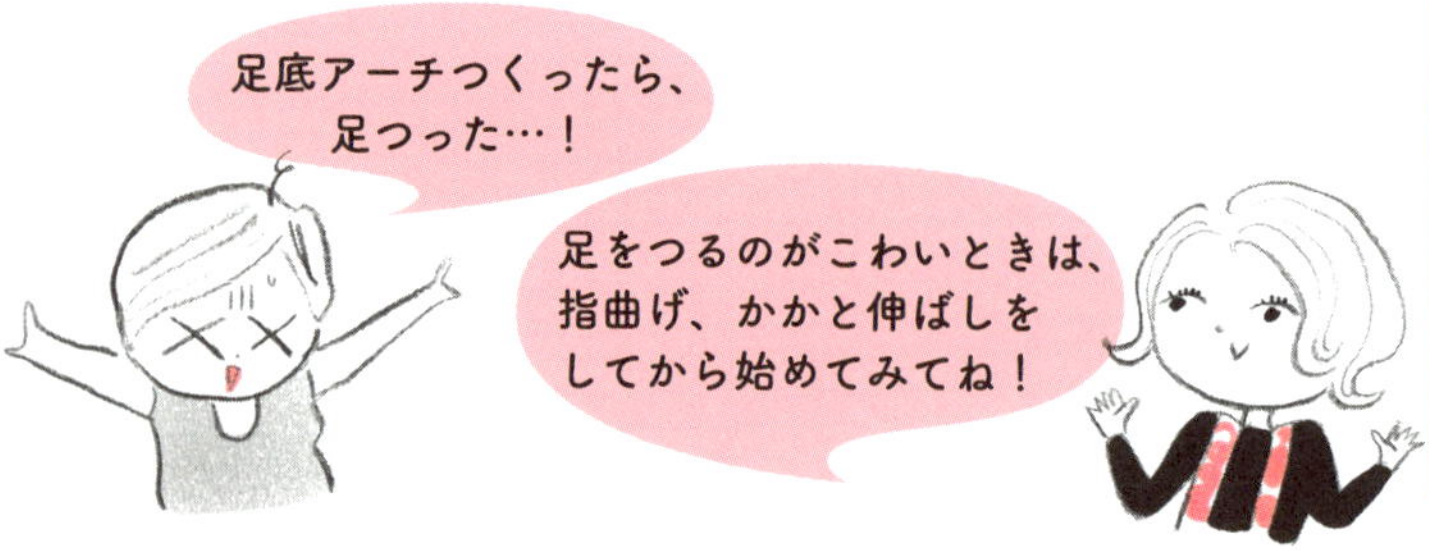
足底アーチつくったら、足つった…！
足をつるのがこわいときは、指曲げ、かかと伸ばしをしてから始めてみてね！

3

再び❶の体勢に戻り、左ひざを深く曲げて、
かかとでお尻を10回たたきます

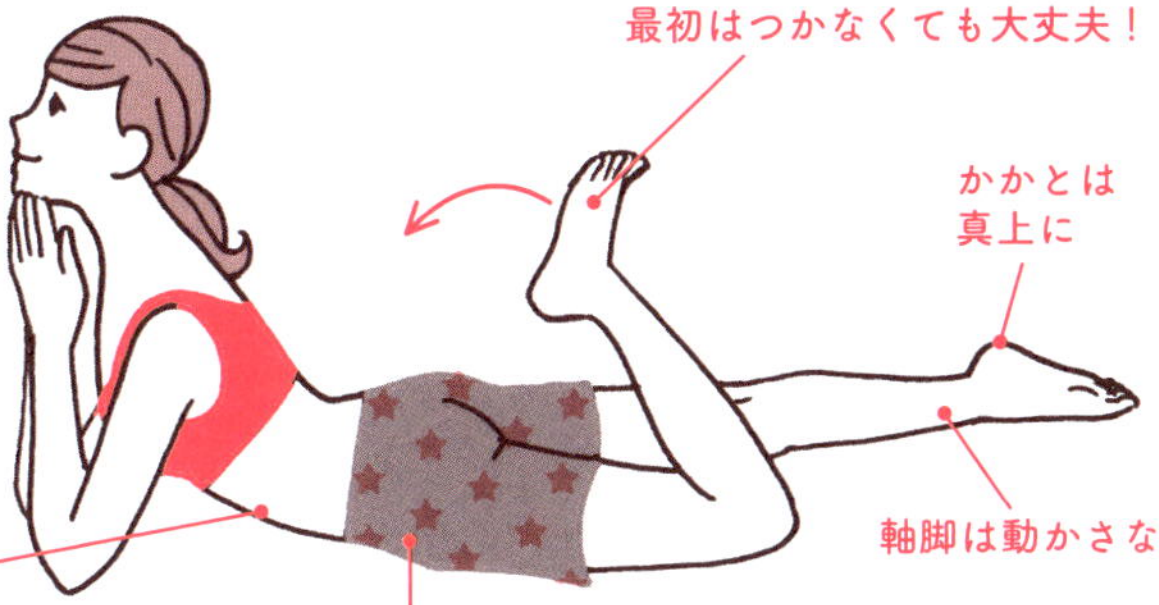

4

たたき終わったら胸を高く上げ、
お腹を内側へ引き、
顔はやや斜め上へ。
この状態で、息を止めてキープ

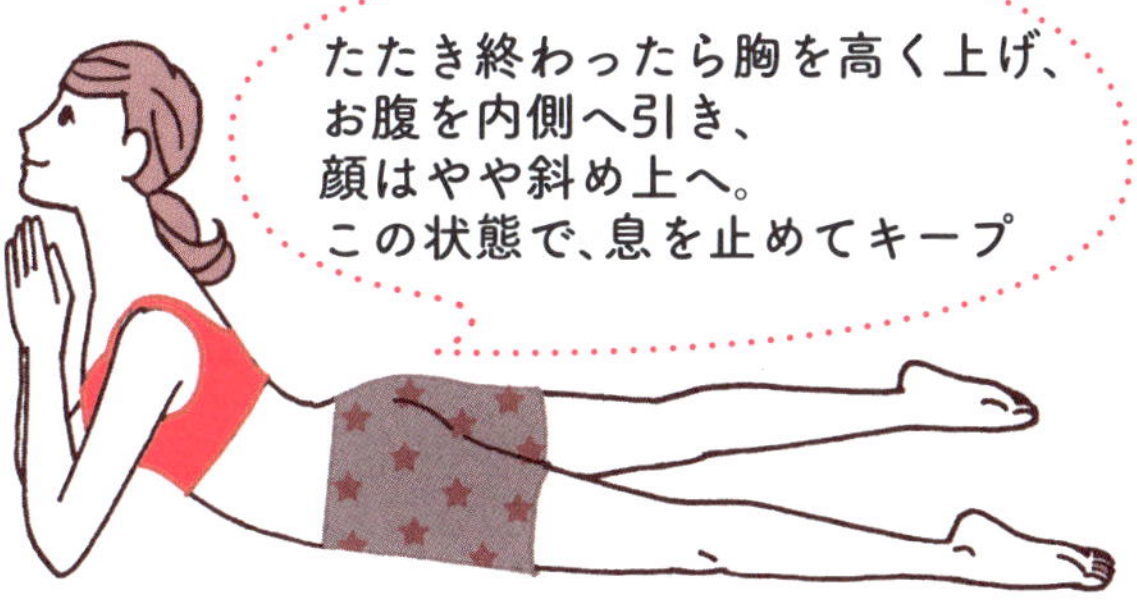

苦しくなったら
ふーっと息を
吹きましょう

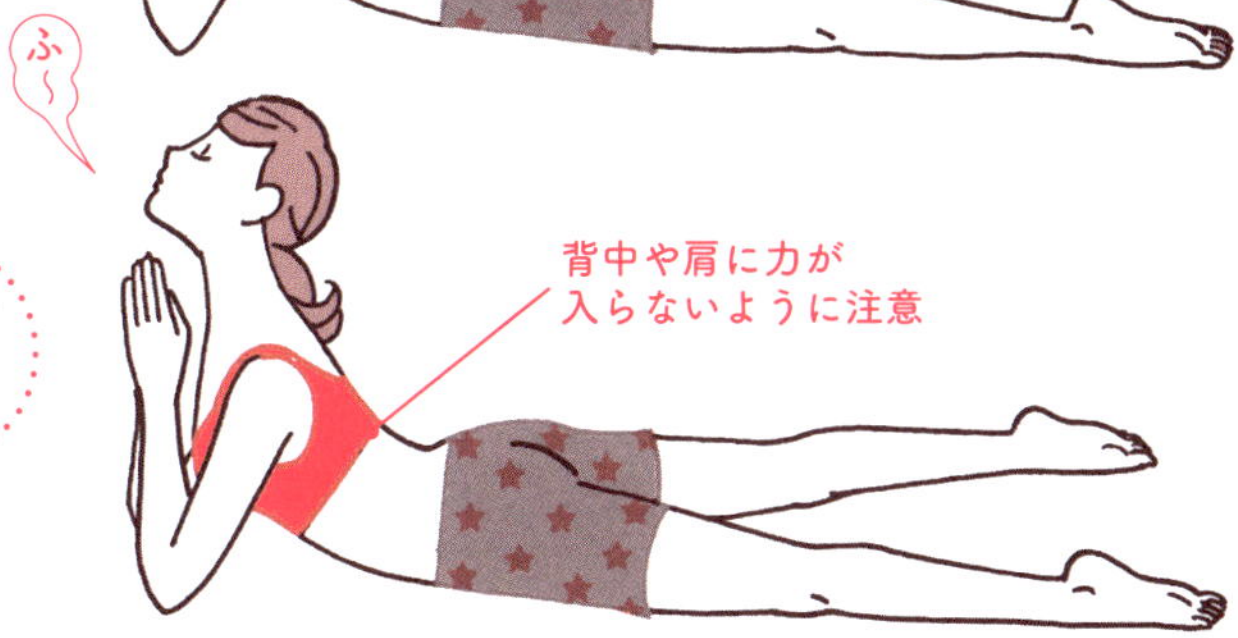

唇を丸めて息を吹き、そのときにひざ裏を伸ばすと、
肛門が締まって、骨盤底筋（51 ページ参照）も
鍛えられます

❶〜❹を右脚も同様に。
さらに硬いほうの股関節を
重点的におこないましょう。

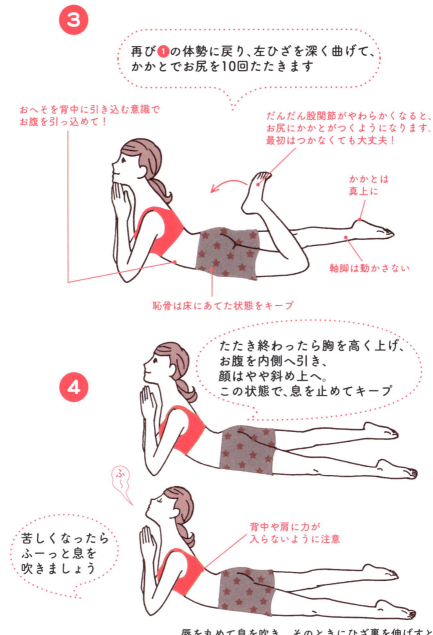

Let's exercise

エクササイズ3

寝てひざ倒し

股関節、ひざ関節、足首
3つの関節歪みが消えて
スラリとした美脚に！

憧れの「まっすぐ脚」が手に入る

エクササイズのやり方は次のページへ！

股関節だけじゃない！

脚の関節歪みがとれる！

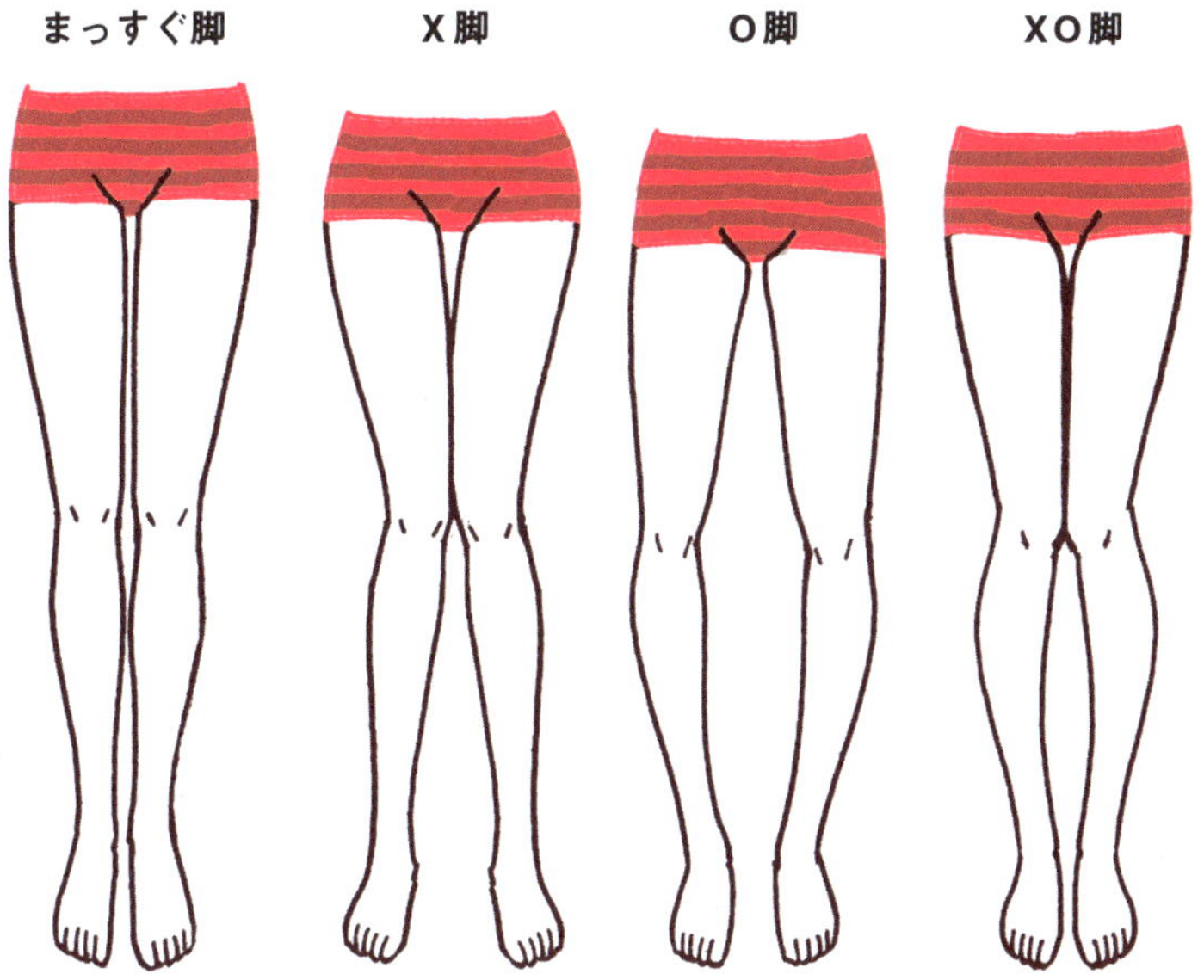

歪んだ脚の原因は〝関節〟にあった！

寝てひざ倒しは、股関節をやわらかくして歪みを改善し、脚の歪みを直してスラリとした美脚をつくるエクササイズ。

O脚などで悩んでいる方は、脚の骨自体が曲がっていると思いがちですが、そんなことはありません。骨と骨の間の「関節」がねじれて歪んでいるのです。

股関節に歪みがあると、その歪みに対応しようと、ひざや足首の関節も歪んでいきます。これが、X脚、O脚、XO脚の大きな原因。寝てひざ倒しでは、股関節の歪みをとりながら、ひざ関節、足首の関節も正しい位置に戻します。だから、X脚、O脚、XO脚、どの歪み方にも効き、誰でも〝まっすぐ脚〟を手に入れられるのです。

Let's exercise

エクササイズ3

寝てひざ倒し

寝ながらできるこのエクササイズは、寝る前にベッドの上でおこなってもOK。脚を伸ばすときに、体の縮こまった部分がスーッと伸びるイメージをすると、リラックスでき、効果も上がります。

1

仰向けに寝て、右手はお腹の上に。お腹を出さないで

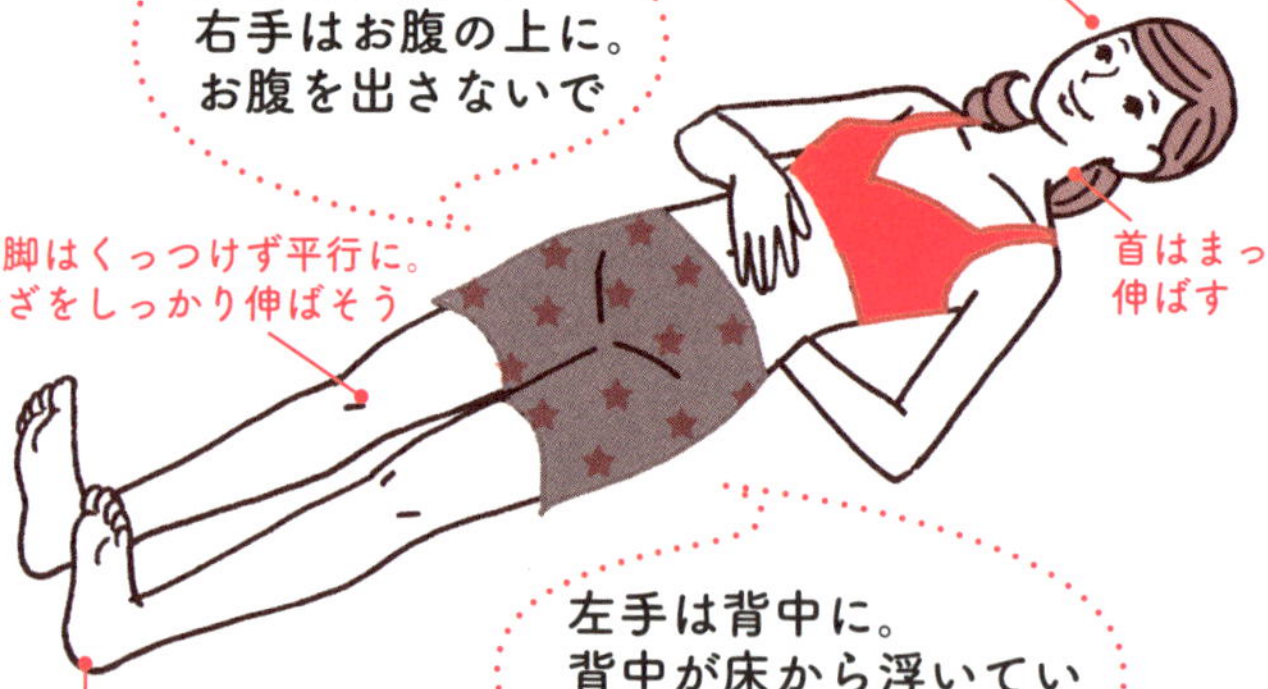

顔はにっこり、リラックス♪
両脚はくっつけず平行に。ひざをしっかり伸ばそう
首はまっすぐ伸ばす
かかとを前方へグイっと押し出す

左手は背中に。背中が床から浮いていないかチェックします

手を背中とお腹にあてることで、正しい姿勢がキープしやすくなります

2

左ひざを曲げ、できるだけ、足をお尻に近づけます

右足は、かかとを押し出すようにして、ぐーっと前方へ

ここがPOINT！

足裏を床につけてすりながら、移動して！

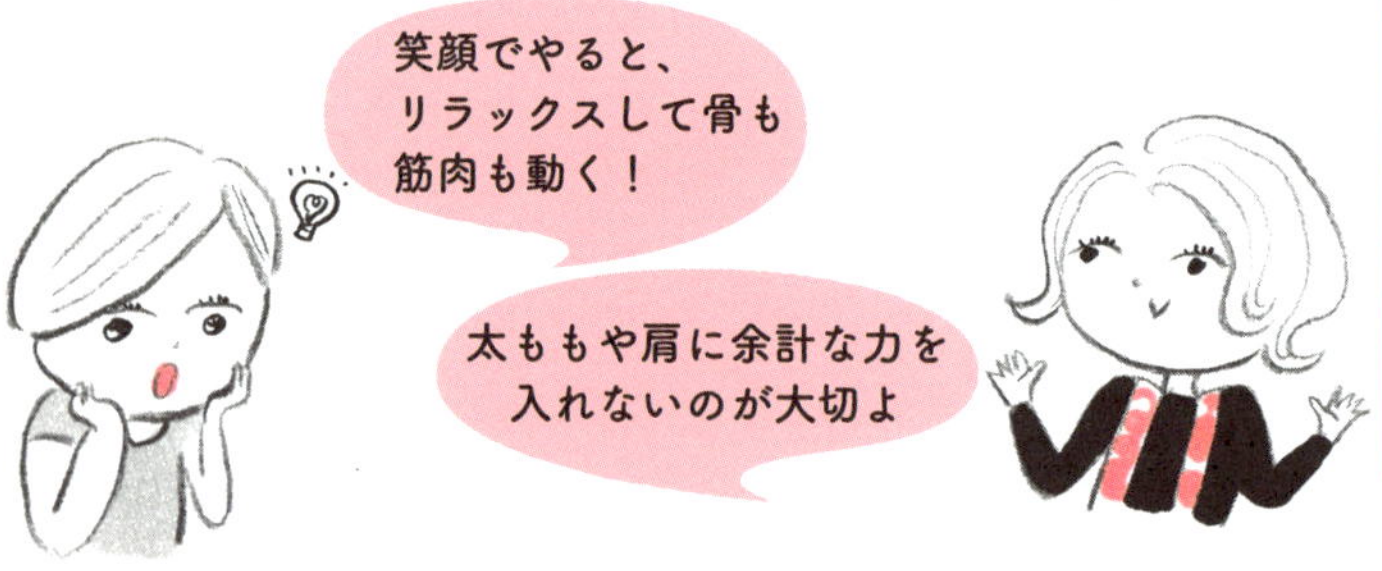

笑顔でやると、リラックスして骨も筋肉も動く！
太ももや肩に余計な力を入れないのが大切よ

3

立てた左脚を、脱力する
イメージで、パタンと外側へ倒し、
左足裏を右脚の内側に
ぴったりとくっつけましょう

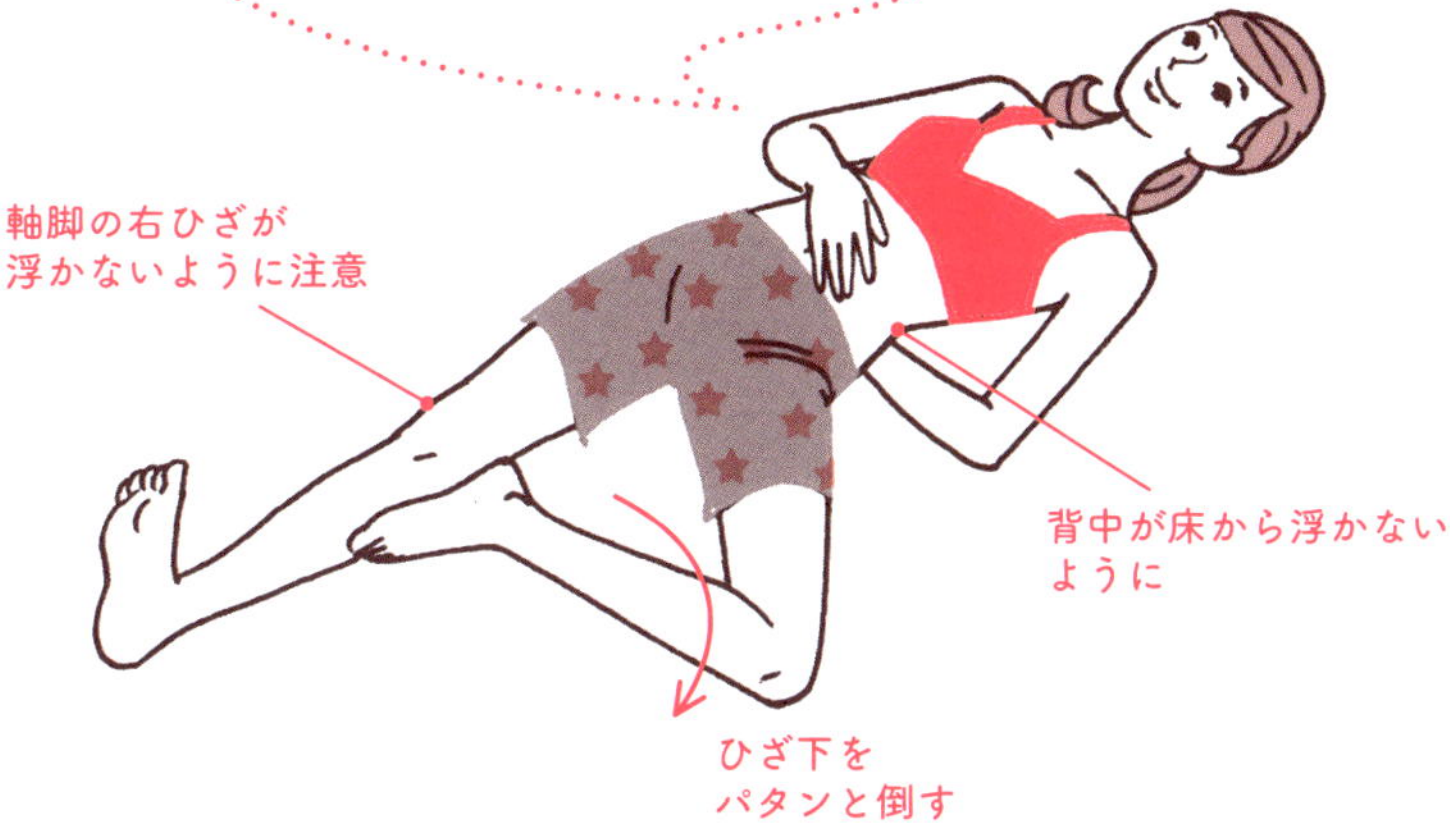
軸脚の右ひざが
浮かないように注意
背中が床から浮かない
ように
ひざ下を
パタンと倒す

4

左足裏を右脚の内側につけたまま、
右脚のくるぶしのほうへ下ろしていきます。
左足裏が右脚のかかとまで進んだら、
左脚を伸ばして、終了

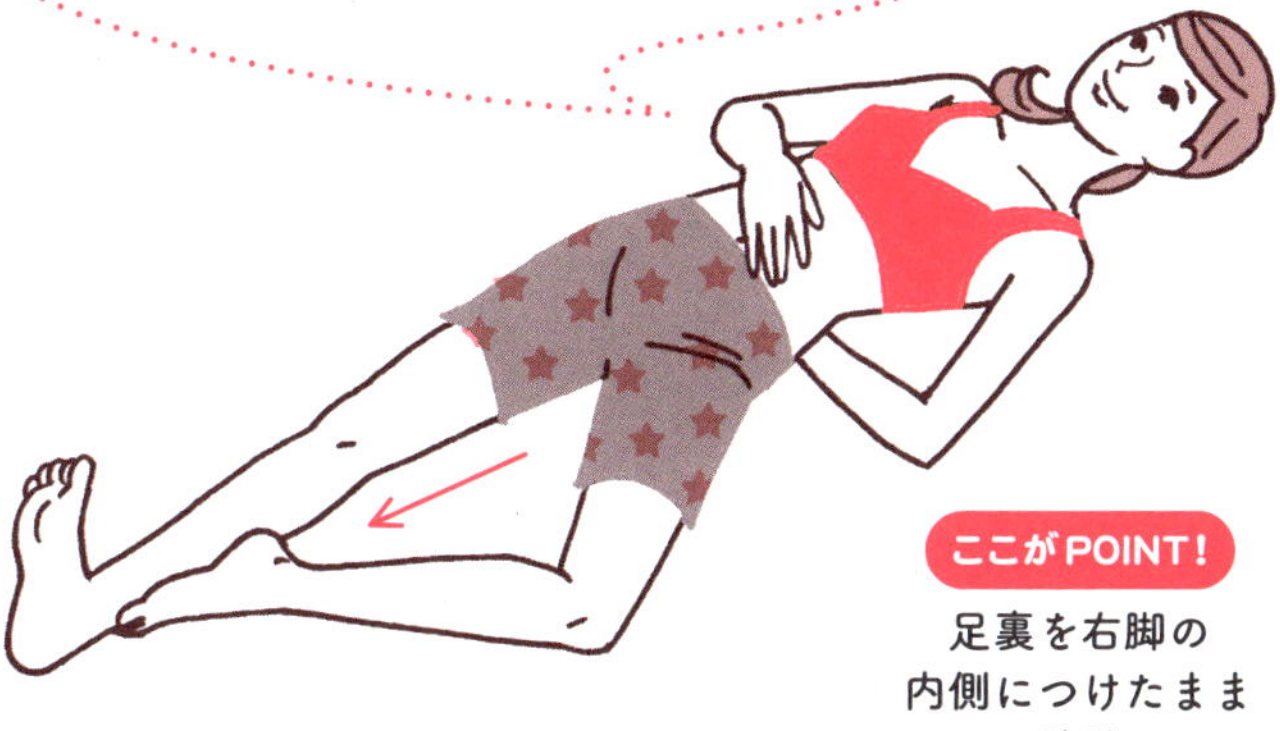

ここがPOINT！

足裏を右脚の
内側につけたまま
移動

1～4を反対も同様に。
さらに硬いほうの股関節を
重点的におこないましょう。

Let's exercise

エクササイズ4

股関節回し

股関節のズレのもとになる恥骨を正しい位置に。骨盤が整い、上半身の歪みも消える！

キュッとくびれた
ウエストにも！

エクササイズのやり方は次のページへ！

股関節だけじゃない！
骨盤底筋《こつばんていきん》も正しく働くように！

骨盤底筋（上から見た図）

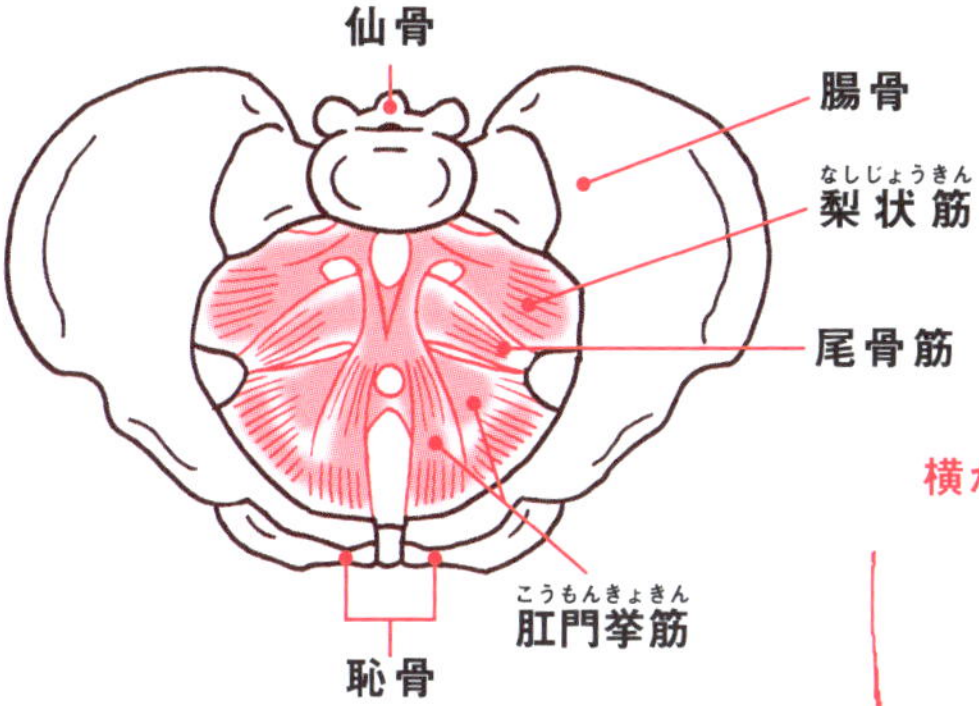

横から見た図

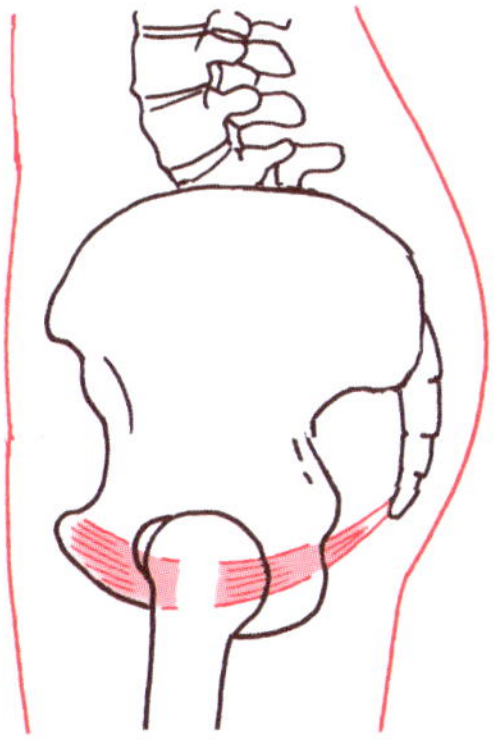

骨盤全体を安定させて、股関節歪みを解消

股関節回しでは、股関節や恥骨を水平にくるりと回し、股関節を整えるとともに、骨盤全体を正しい状態に戻します。骨盤は5つの骨が集まってできていますが、恥骨は骨盤の中で最も大きな骨「腸骨」を支えています。そのため、恥骨がズレると骨盤全体が前後左右に歪むのです。股関節回しをすると、恥骨のズレが消え、さらに恥骨の下にある「骨盤底筋」という筋肉がしっかり働きだします。この結果、恥骨が正しい位置に収まるので、骨盤全体が安定するのです。骨盤が安定すると、股関節に余計な負荷がかからなくなり、股関節の歪みも起きにくくなります。

Let's exercise

エクササイズ4 股関節回し

この本で唯一の立っておこなうエクササイズです。首、肩、背中、腰はリラックスして力を入れないで！ 恥骨と股関節を意識して、水平にきれいな円を描くように回しましょう。

1

足を肩幅よりやや広く開きまっすぐ立ちます。
みぞおちを引き上げ、
目線は正面に

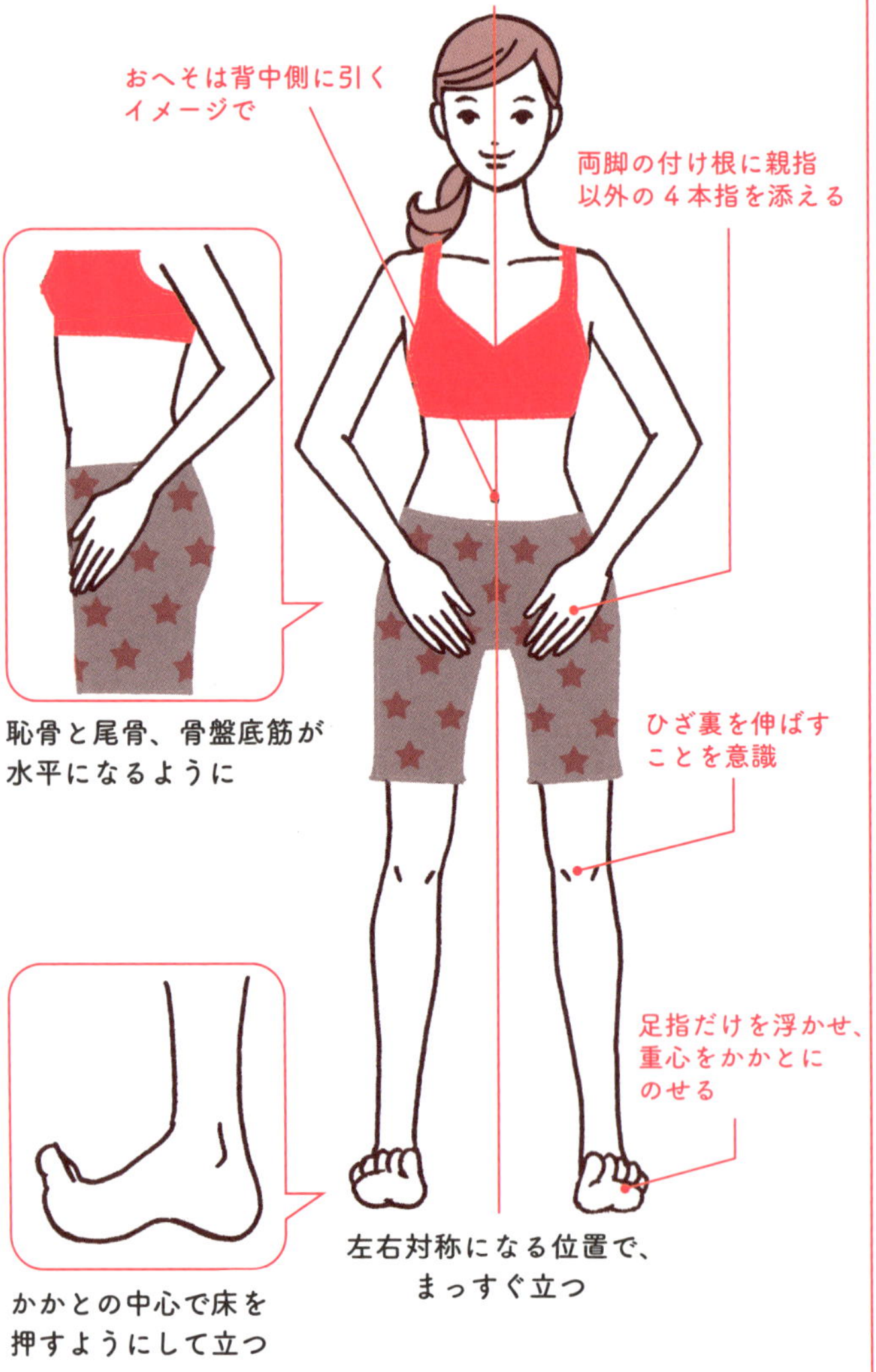

おへそは背中側に引くイメージで
両脚の付け根に親指以外の４本指を添える
ひざ裏を伸ばすことを意識
足指だけを浮かせ、重心をかかとにのせる
恥骨と尾骨、骨盤底筋が水平になるように
かかとの中心で床を押すようにして立つ
左右対称になる位置で、まっすぐ立つ

2

股関節と恥骨を時計
回りにくるりと回します

次に反時計回りに一周。
骨盤は上下に揺れず、
水平に動くのが正解！

体が左右にぶれたり、ふらついてしまう人は、抗重力筋が衰え気味…。このエクササイズは立って抗重力筋を鍛えられるので、続ければ次第に姿勢がキープできるようになりますよ

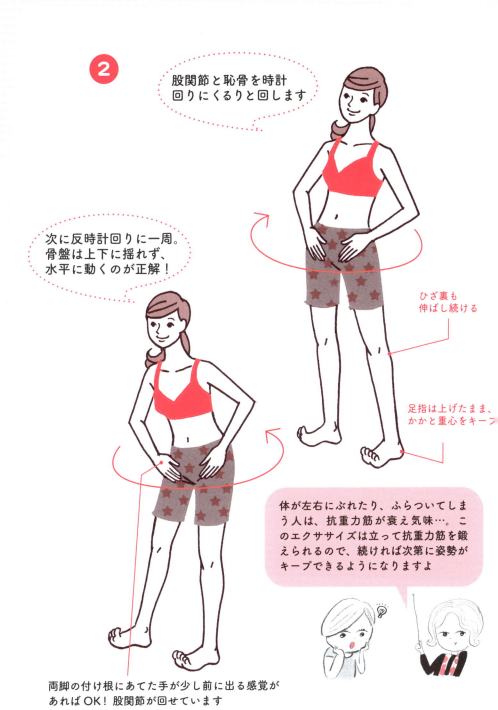

みなさん、調子はいかがですか？
効果出てますねー！
お尻が引き締まってきました！脚も細くなったと言われます
エクササイズ毎日1分続けます！
パンツがゆるい…！
よかった！でもせっかく整った股関節も悪い習慣やクセがあると、すぐ歪むので毎日正しくクセづけしましょう
こんな習慣は断ち切ろう
猫背
外股歩き
ひじをつく
正しい習慣で股関節を正しい位置にクセづけすれば、ずっと股関節美人をキープできますよ
体が軽くなってきたし、続けたい！習慣、やってみます！
もっときれいになるぞー！

PART 3

スリム美人になれる！　股関節が整う習慣

ここからは股関節を歪ませない
「股関節にとってよい習慣」を
1日の流れに沿って紹介します。
ぜひ、毎日の生活に取り入れて
みてください。

in the morning

「組み手回し」と「美しい起き方」で心身ともによいスタートを切る

ベッドの上でできる 組み手回し

目が覚めたらすぐにガバッと起きずに、まずはこのエクササイズを。

1

仰向けのまま、両腕を天井に向かって伸ばし、指を開いて、手首を表裏に10回返しましょう。

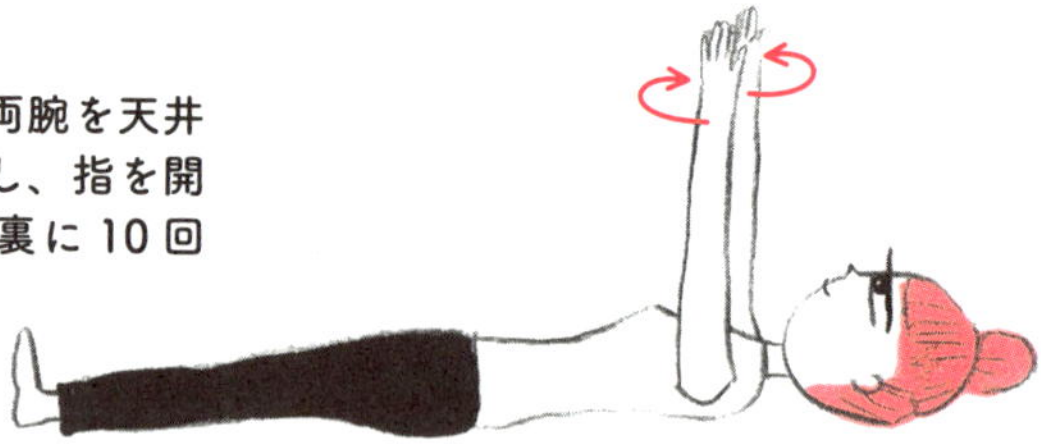

2

両手を下ろし、お腹の上で組んだら、左ひざを立てて、かかとを上げ、足指の裏でベッドを押します。

右のかかとは、
前へ押し出す

3

組んだ両手をくるっと裏返し、そのまま腕を天井へ伸ばします。天井に対して水平に円を描くように、腕を左右に5回ずつ回しましょう。終わったら右ひざを立て、同様に。

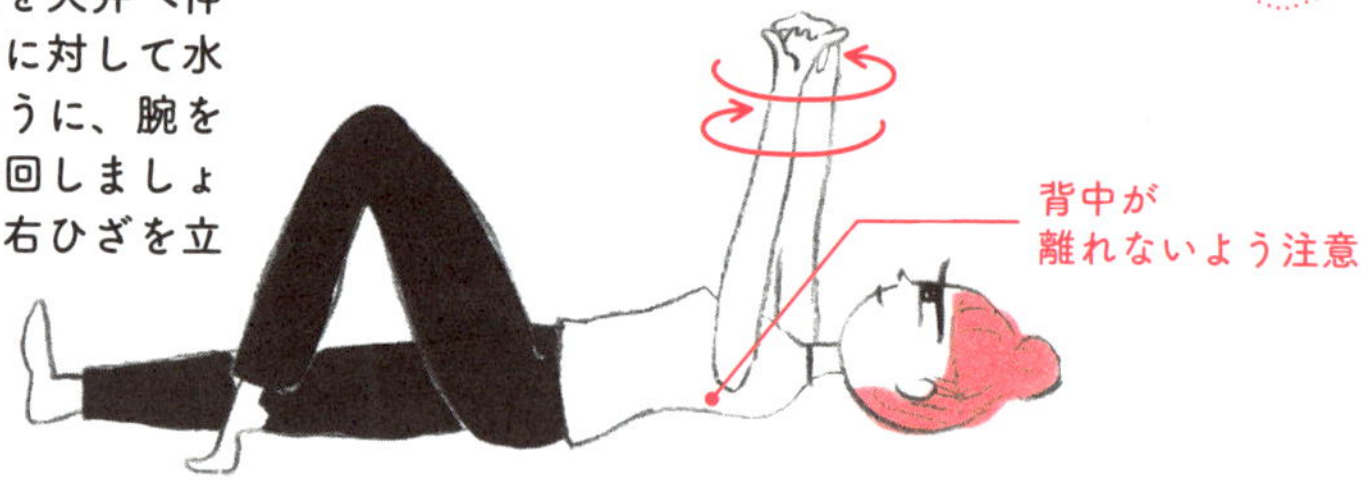
背中が
離れないよう注意

起きて1分の動作で、1日が変わる!

あなたは朝、目が覚めたらどのように起き上がっていますか? 目覚ましに驚き、ガバッと背中を丸めて、上半身から起きていないでしょうか。実はこの「ガバ起き」はスタイルを崩す原因。上半身にムダな力が入り、前首・前肩の猫背体型になってしまうのです。

目が覚めてもすぐに起き上がらず、「組み手回し」をおこないましょう。寝ている間に歪みやすい「首の後ろから肩にかけての筋肉(僧帽筋《そうぼうきん》)」を正しい位置に導きます。

組み手回しが終わったら、脚を意識して起き上がって。脚から起きると、上半身にムダな力を入れずに済み、スタイル崩れを予防できます。

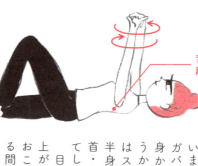

股関節を歪ませない
美しい起き方

組み手回しが終わったら、下半身を意識して起き上がります。

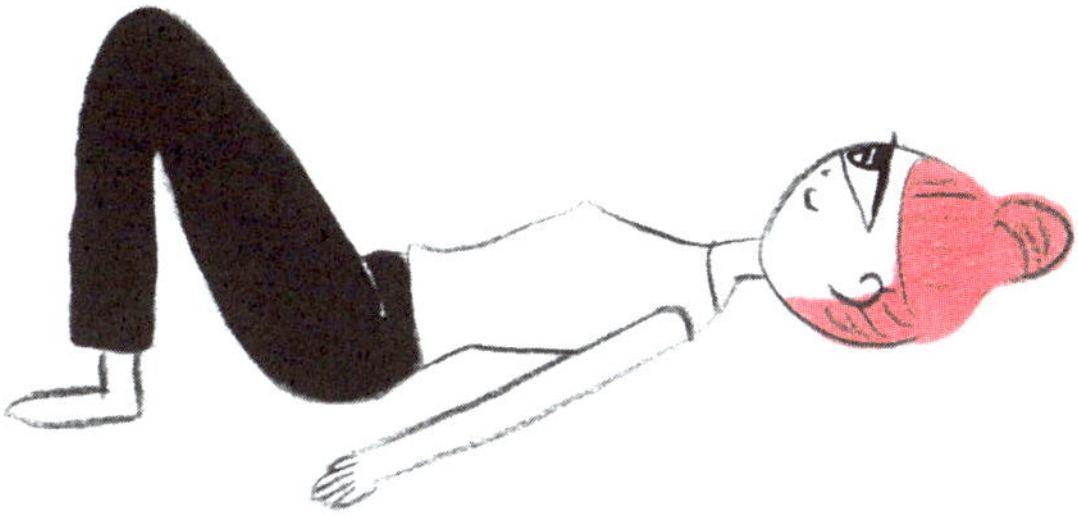

1

足を持ち上げず、ベッドをするようにして、左ひざを立てます。左ひざを立てたら、右ひざも同じようにして立てて、脚をそろえます。

2

左ひざをひざ下から横に倒し、続いて右ひざも同じように倒します。右手を胸の横につき、体を支え、ひざを体のほうに寄せます。

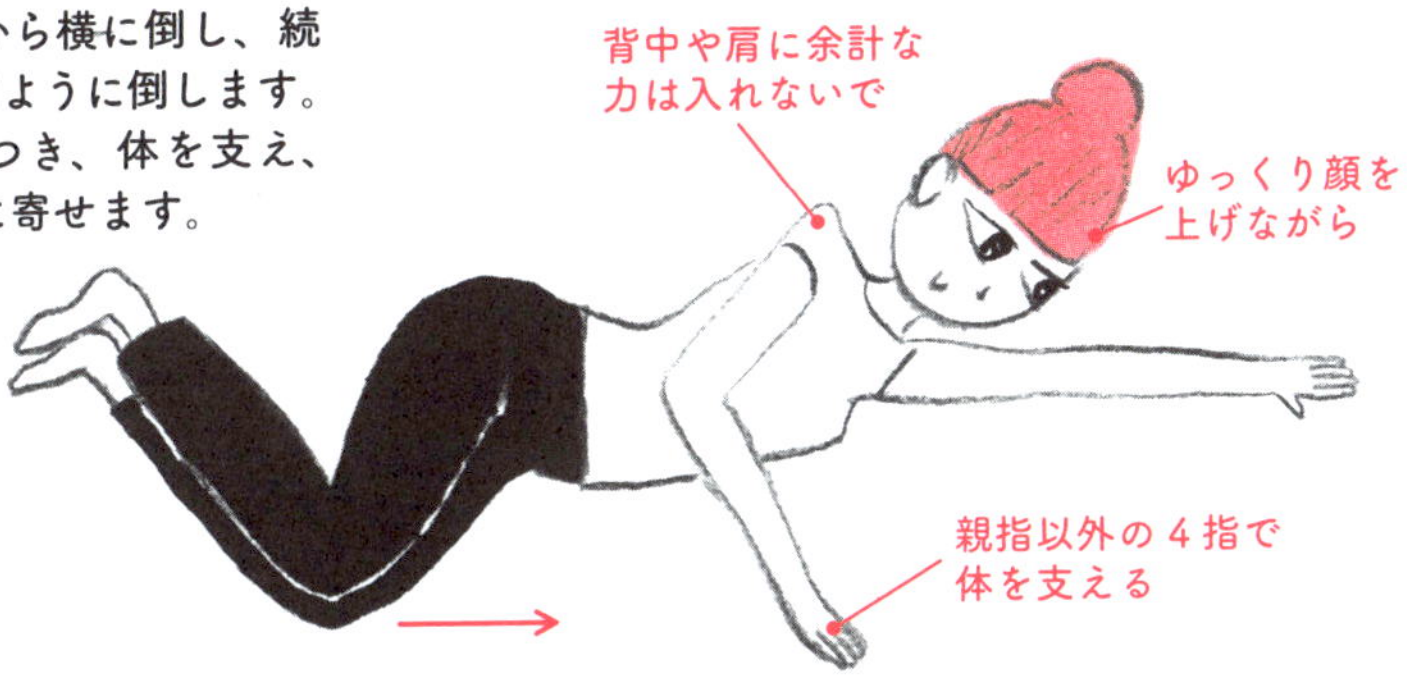
背中や肩に余計な力は入れないで
ゆっくり顔を上げながら
親指以外の4指で体を支える

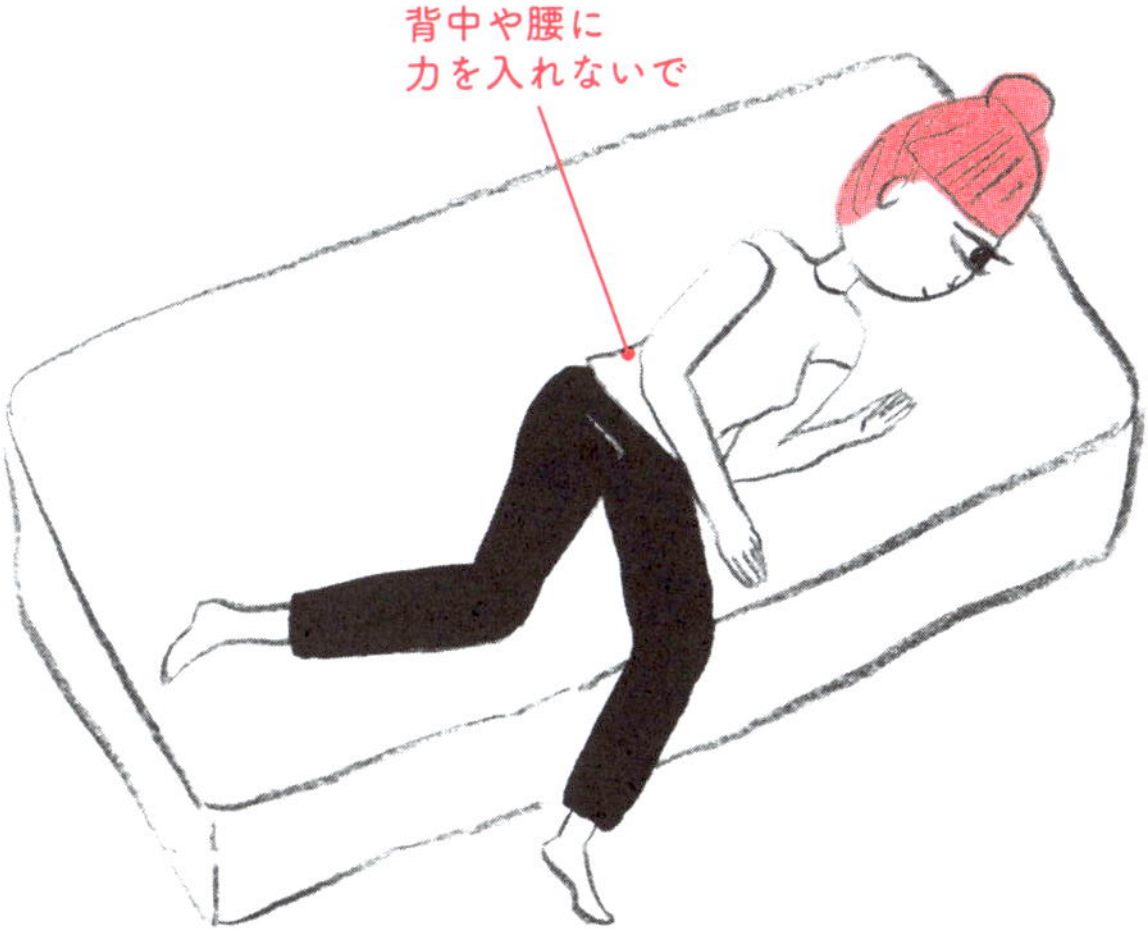
背中や腰に力を入れないで

3

左ひじを体のほうに引き寄せ、そのまま左足から足を床につけ、次に右足をつけます。両手を交互に体のほうにつきながら起き上がります。

in the morning

出かける前には、鏡で姿勢をチェック。「意識」も「体幹」も変わります！

余裕があれば、30秒脚振りを

時間があるときは、立ったまま片ひざから下を振る簡単エクササイズを。体幹が安定し、股関節に負担をかけない歩き方ができるようになります。

かかと重心で立つと、上半身までスラリと伸びる！

股関節にとって大切なのが、「よい姿勢」です。股関節に負担をかけない立ち方をするためにも、出かける前には全身鏡を見て、背中が丸まっていないかなど、自分の姿勢をチェックしましょう。よい姿勢を保つための立ち方を、ここでお伝えします。

まず、両足を拳1つぶんほどあけ、ひざ頭と両足の薬指がまっすぐ前を向くようにします。そして、かかとにしっかりと重心をかけます。かかとで床を押すようにして立つと、脚裏の抗重力筋を起点に全身の筋肉が縦に伸び、姿勢がよくなります。その状態で恥骨を出してお腹を引き、首をまっすぐ上に伸ばせば完成です。日々、意識してみてください。

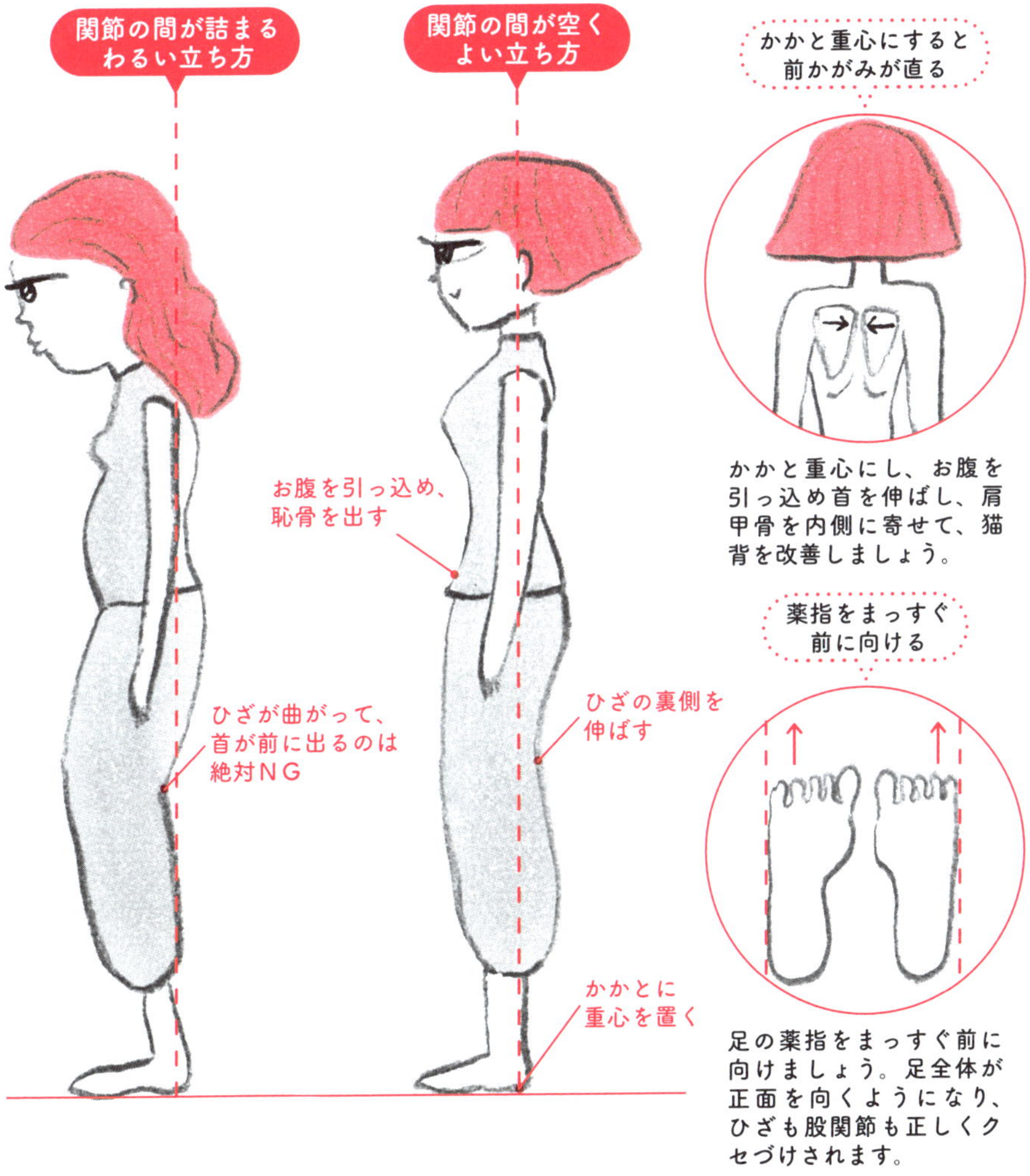

in the daytime

かかと重心で歩けば、美脚度アップ。股関節が整った「姿勢美人」に

胸を高くして首を伸ばして歩く歩き方も、股関節を整える大切な要素の1つ。足底やひざ裏の抗重力筋も鍛えられ、「颯爽《さっそう》とした歩き方」で、人目を引くこと間違いなし！

ポイントは「かかと」。重心はつねに後ろに！

最近、重く疲れたようにして歩いている女性をよく見かけます。このような人は、股関節に問題があることが多いのです。股関節が整うと、美しい歩き方ができますし、歩き方を変えると股関節も整います。ぜひ、試してみましょう。

まず、59ページの「よい立ち方」で立ち、片脚のひざ下を前方に振るように出して、かかとから着地します。このとき、体重はまだ後ろの脚にかかった状態。着地した足では、「かかと↓土踏まず↓足の指裏↓足底全体」の順で体重を移します。4ステップに分けて体重移動をすると、足音も出ず、関節も痛めません。足底全体で着地したら、後ろの脚を引き上げます。

股関節によい歩き方

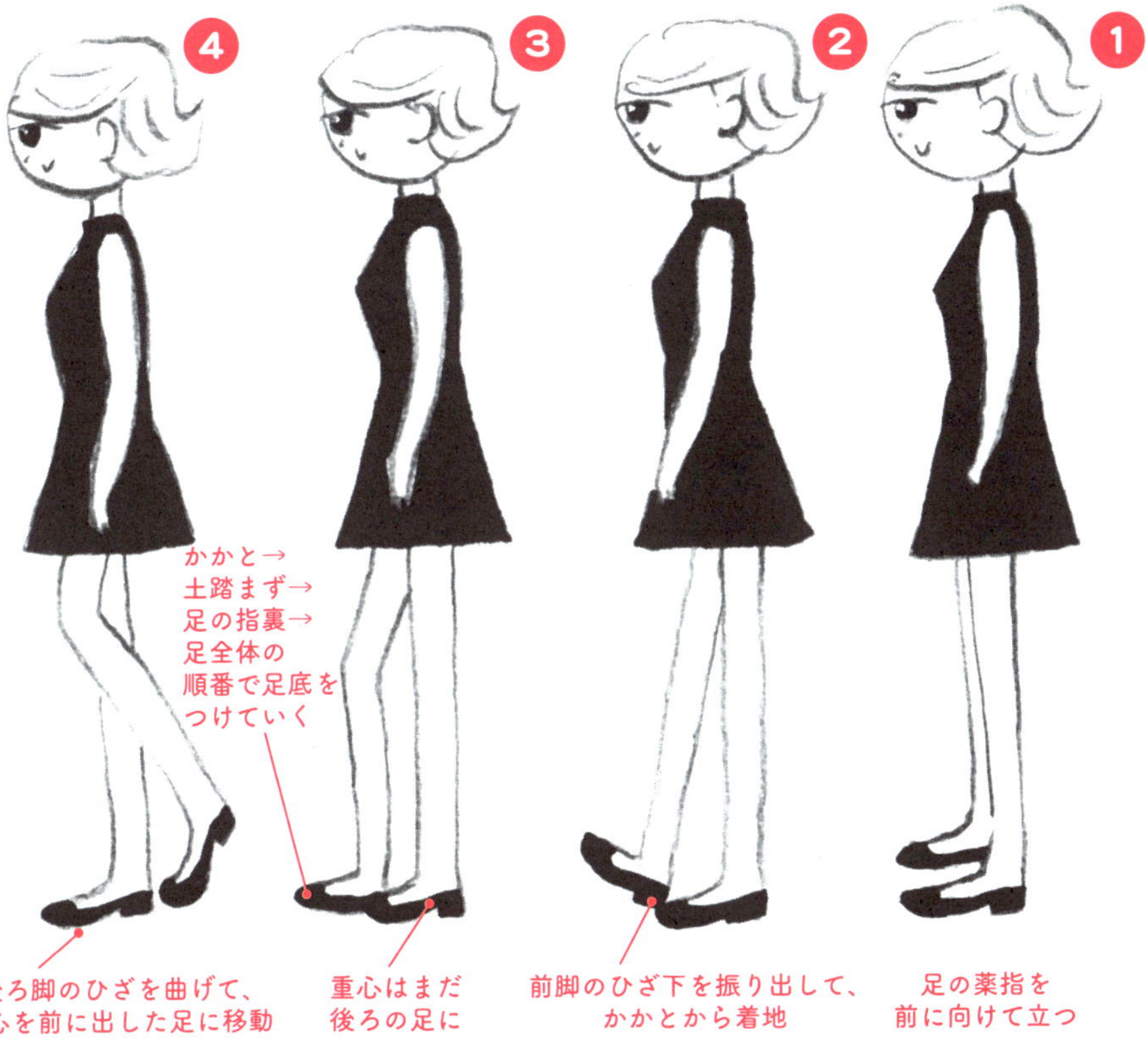
1
足の薬指を前に向けて立つ
2
前脚のひざ下を振り出して、かかとから着地
3
重心はまだ後ろの足に
かかと→土踏まず→足の指裏→足全体の順番で足底をつけていく
4
後ろ脚のひざを曲げて、重心を前に出した足に移動

進む方向の後ろの脚に重心を置き、上半身が前かがみにならないように歩きます。恥骨を前に出しお腹を背中側に引き胸を引き上げて、骨盤を立てるイメージで。

in the daytime

正しいバッグの持ち方で、股関節への負担も疲れも軽減

Good!
ひじを寄せて
バッグを支える
バッグ前側の底に
親指以外の４本の指を
底を上げるようにして、
添える

NG!

腕の力だけで無理して持ったり、腕とバッグが離れていたり、バッグが重すぎて体が傾いたりするのはＮＧ。疲れがたまりやすくなります。

体の後ろで持つと、姿勢もよくなり、疲れない！

バッグの持ち方も、股関節に影響を与えます。毎日のことだから、意識したいもの。

おすすめのバッグは、肩にかけたり、手で持てるトートバッグです。バッグの前面の底に指を添えて持てば、バッグが軽く感じますし、股関節や背骨への負担が減ります。

ただし、いつも同じ側で持つのはやめましょう。そして、トートバッグだからといって重たい荷物を詰め込みすぎるのもNGです。実は、股関節のことを考えると、重い荷物はできるだけ持ち運ばないのが理想なのです。「どうしても」のときは、キャリーバッグを使う工夫を。

バッグの持ち方を変えると、上半身がまっすぐ伸びた美しい姿勢が長続きします。

ハンドバッグの場合

ひじを軽く曲げ、
手はお尻の横に
下げる

バッグは自分の体より後ろ、お尻の横あたりで持ちましょう。後ろで持つと、かかと重心になって胸が上がって、キレイな姿勢に。

NG

重いバッグは体が歪むので注意。小さくて軽いバッグはひじにかけて持ってもOK。

リュックの場合

リュックを背負ったら、肩ひもをそれぞれできるだけ両肩のほうに広げて。肩関節を後ろに引き、巻き肩を防げます。また、肩ひもを後ろにキュッと送り込むと、リュックの重さで背筋が伸びます。

肩ひもを
両手で引き上げ
後ろに送り込む

NG

背中に重さがあるぶん、前かがみになりがちなのがリュック。重さに負けて前首・前肩・猫背になるのはNG。疲れも増します。

in the daytime

電車の中では後方のつり革を持ち、抗重力筋を働かせる！

体のやや後ろで持つと、姿勢がよくなる！

　通勤や通学で電車やバスに乗るときも、少し体の使い方を変えるだけで、股関節を整えることができます。まず意識するのは、つり革の持ち方。なるべく体の後ろで持つことで、頭が後ろに移動して、かかと重心になり、体がまっすぐになって股関節に負担をかけません。

　また、電車やバスで立っているときには、転ばないよう足を踏ん張ることもありますよね。こんなときは、かかとに力を入れて立つことを意識してみてください。そのとき、足の親指以外の4指を上げられるとベスト。足底からひざ裏まで続く「抗重力筋」が刺激されて、ヒップもキュッと引き上がり、股関節が整います。

後方のつり革を持つと自然と美しい姿勢に

正面から見ると

体は左右どちらかに傾くと歪みます。つり革を持ちながら、両足のかかとを意識して、前後左右に体が傾かないように。

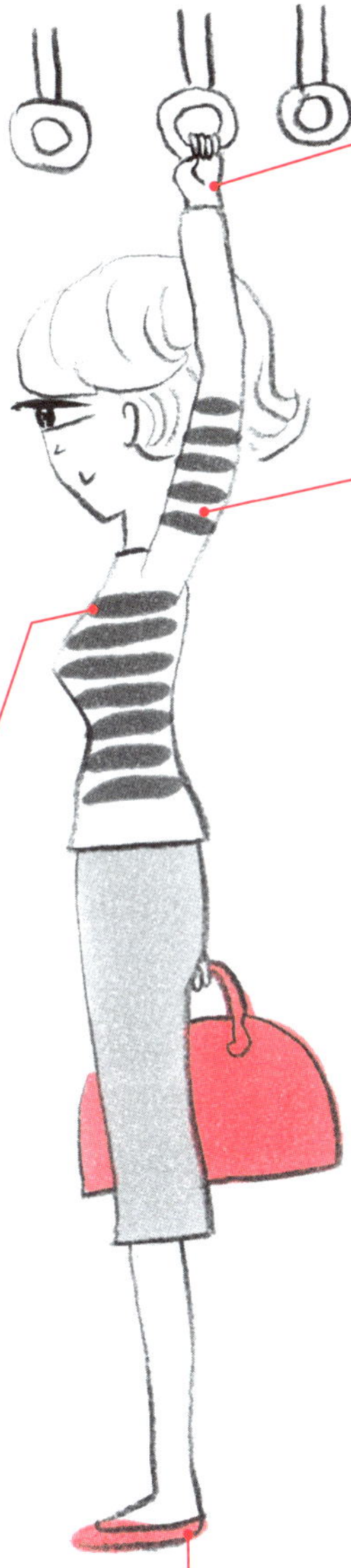

ゲンコツやグーの手でつり革は握らない！ 親指以外の4本指をひっかけるようにして持つ

体の後ろでつり革を持ち、首を後ろへ引くと小顔やバストアップ効果も

バッグを持つ腕は肩甲骨と肩先を少し後ろにして下げる。巻き肩といかり肩直しが同時にできます！

かかとを
床に押し込むように
立つ

NG

前方にあるつり革を持つと、前かがみになりがち。「どうしても」のとき以外は、避けて

in the daytime

階段よりも「エスカレーター」を使う習慣が美しい骨格をつくる！

外出先ではあえて、階段は使わない

「スタイルをよくするには、体を動かすのがいちばん！」と、外出先でも階段を上っている方は多いのではないでしょうか。背筋を伸ばして階段を上れればいいのですが、階段を上るときは猫背になりやすく、股関節歪みが悪化して太りやすくなるので、気をつけたいところ。

　美しいスタイルをつくりたければ、あえてエスカレーターに乗り、乗っているときに次のページにある「全身の抗重力筋を鍛える姿勢」をキープしてみてください。階段をかけ上るよりも、早く確実にやせられるはずです。ぜひ試してみてくださいね。

全身の抗重力筋を鍛える姿勢

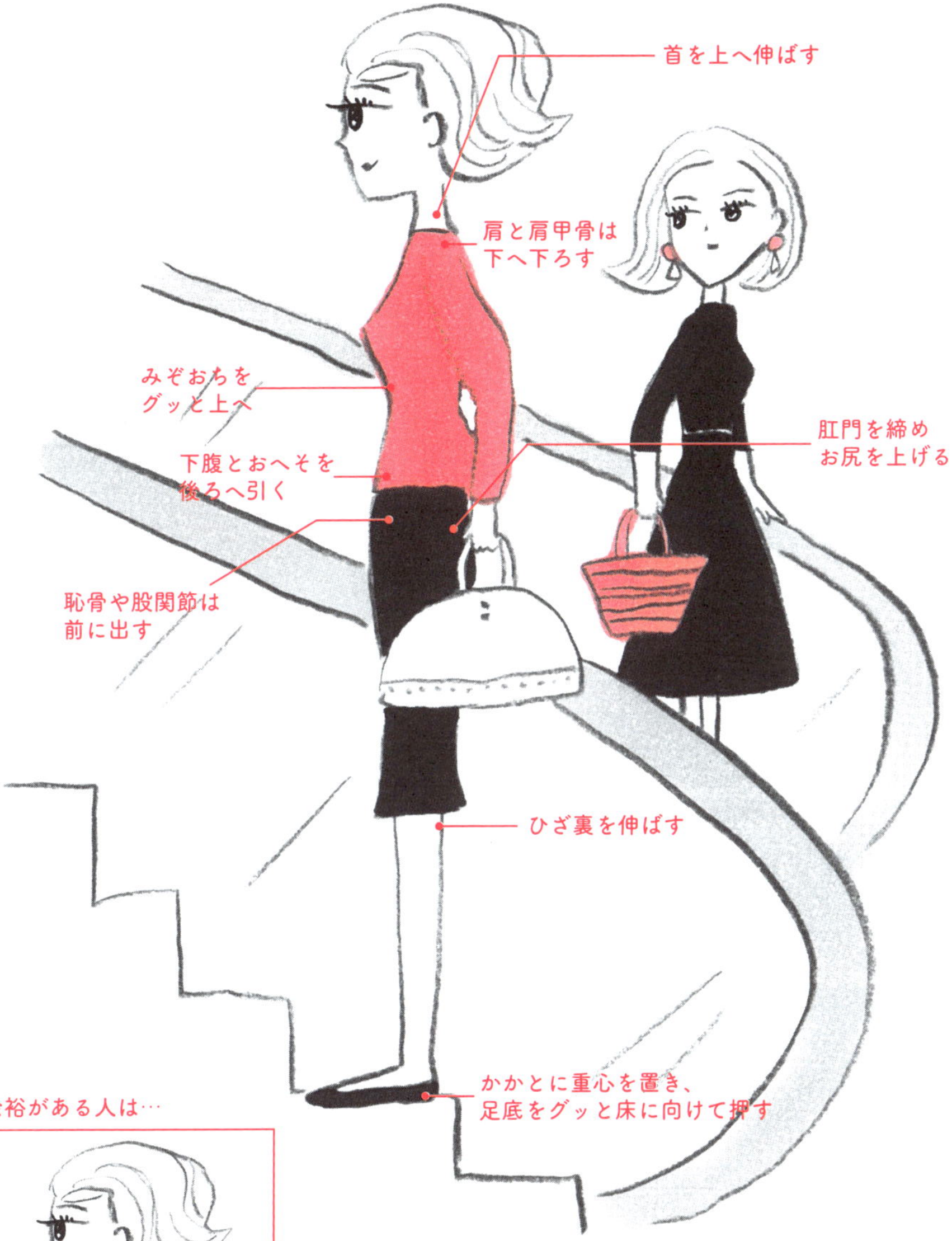
首を上へ伸ばす
肩と肩甲骨は
下へ下ろす
みぞおちを
グッと上へ
肛門を締め
お尻を上げる
下腹とおへそを
後ろへ引く
恥骨や股関節は
前に出す
ひざ裏を伸ばす
かかとに重心を置き、
足底をグッと床に向けて押す

余裕がある人は…

首をまっすぐ上へ伸ばしたまま、頭を前から左側へ水平にゆっくり回してみて。回りきらないところまでいったら、反対側も同様に。背骨の関節詰まりがとれ、小顔が手に入ります。

in the daytime

階段では、まっすぐ脚を下ろす。これだけで、股関節が整う

頭の上までしっかり
体幹をキープ
首は背筋に対して
まっすぐ
両足はそれぞれ
まっすぐ運ぶ
指裏から
かかとの順に着地

階段では、上半身がぐらつきがち。いつもよりも、上体をまっすぐ保つことを心がけて。

階段の上り下りは足の運び方がポイント

股関節を整えるためには、できるなら階段は上らないほうがいいと66ページでお伝えしましたが、普段全く階段を使わないわけにはいきませんね。階段を上り下りするときは「足の運び方」に気をつけましょう。68ページのイラストのように足をそれぞれまっすぐ運ぶのが鉄則です。さらに階段を下りるときは、足のゆび裏をつけたあとにかかとを「トン！」と着地させると、脚全体の関節がほぐれるのと同時に適度な刺激が脚の骨を丈夫にしてくれます。反対に、下のイラストのような歩き方で階段の上り下りをするのは、NG。体が左右にゆれ動いてしまい、骨盤から下半身まですべての歪みにつながります。

NG

外股・内股歩き

足を内股、外股にしすぎて階段を上り下りするのも、体にとってよくありません。ひざ裏や足底にある抗重力筋がゆるむからです。抗重力筋がゆるむと、関節詰まりを起こし、太りやすくなります。

NG

クロス歩き

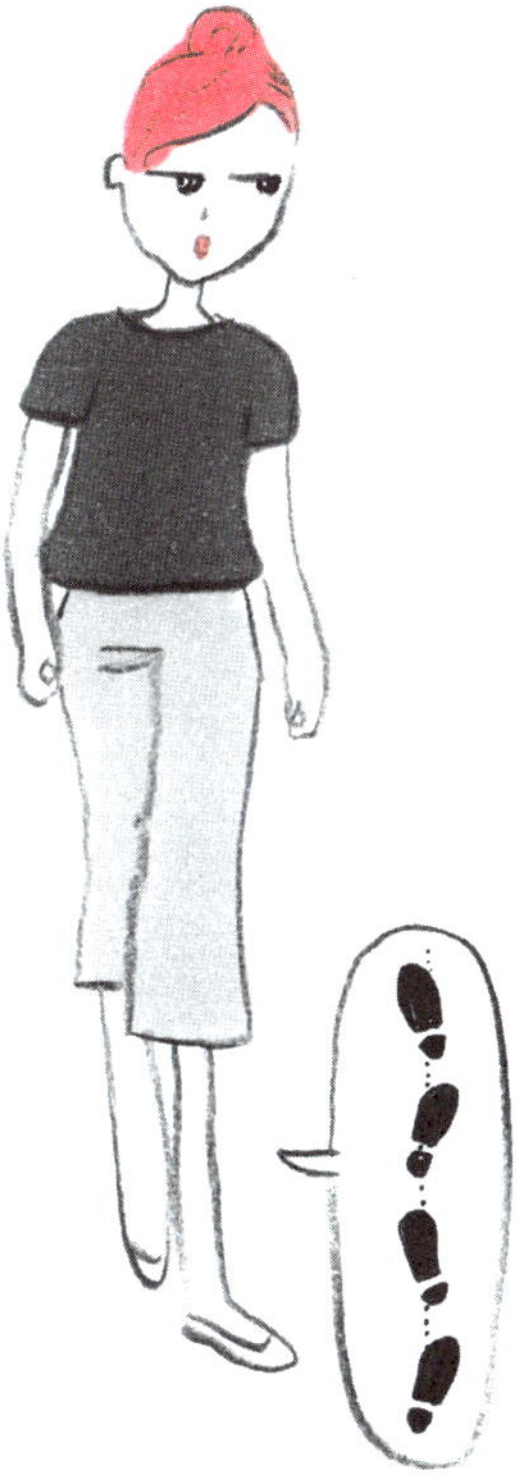

脚を交差して出すクロス歩きは、関節にとってはマイナス。股関節や腰を無理やりねじる動きをするので、関節を痛めやすいのです。

in the daytime

背もたれには〝もたれない〟が鉄則。L字座りで、関節美人に

GOOD!
背もたれに
寄りかからない
おへそとお腹を
引っ込めて
みぞおちを
引き上げる
ひざ頭と
つま先は
正面に向ける
しっかりと
足底をつけ、
力を入れる
余裕があれば…

イスに浅く座り、足底をしっかり床につけます。よい姿勢は足底からつくるのがポイント。お腹を引っ込めて首を上へ伸ばし、上半身と太ももが「L字型」になるよう意識しましょう。

両足を軽く体のほうへ引き、かかとを10センチほど上げてみましょう。その状態を10秒キープ。足首の関節や股関節の歪みを解消できます。

正しい座り方なら、長時間でも疲れない

仕事でも家でもイスに座る機会は多くありますね。それだけに座り方はとても大切。「股関節を整える座り方」を習慣にすると、長時間座っていても疲れにくくなるだけでなく、スタイルも締まってやせるので、おすすめです。

股関節によい座り方のポイントは2つ。1つめは、床に足底をしっかりつけて、かかとに力を入れること。こうすることで、脚の裏側の筋肉に自然と力が入り、背筋がピンと伸びた姿勢を保てます。

2つめは、長時間、背もたれにもたれかからないこと。もたれると楽なように感じますが、実はこの姿勢が腰や股関節に負担をかけ、下半身の血流をわるくして、体を疲れやすくします。疲れたら立って歩く、休みをとるなどメリハリをつけて！

こんな座り方は注意！

キーボードなどが体から離れている
NG!
背もたれにもたれかかる
両ひざ下がバラバラで力が抜けている
前かがみになる
NG!
脚を組む

in the daytime

オフィスでこっそりエクササイズ。「デスクワーク太り」にさよなら！

【エクササイズ1】イスに座ったままできる！ひざ回し

股関節や骨盤をやわらかくするエクササイズ。
イスに座ったまま1分でできて、疲れ解消にも効果大！

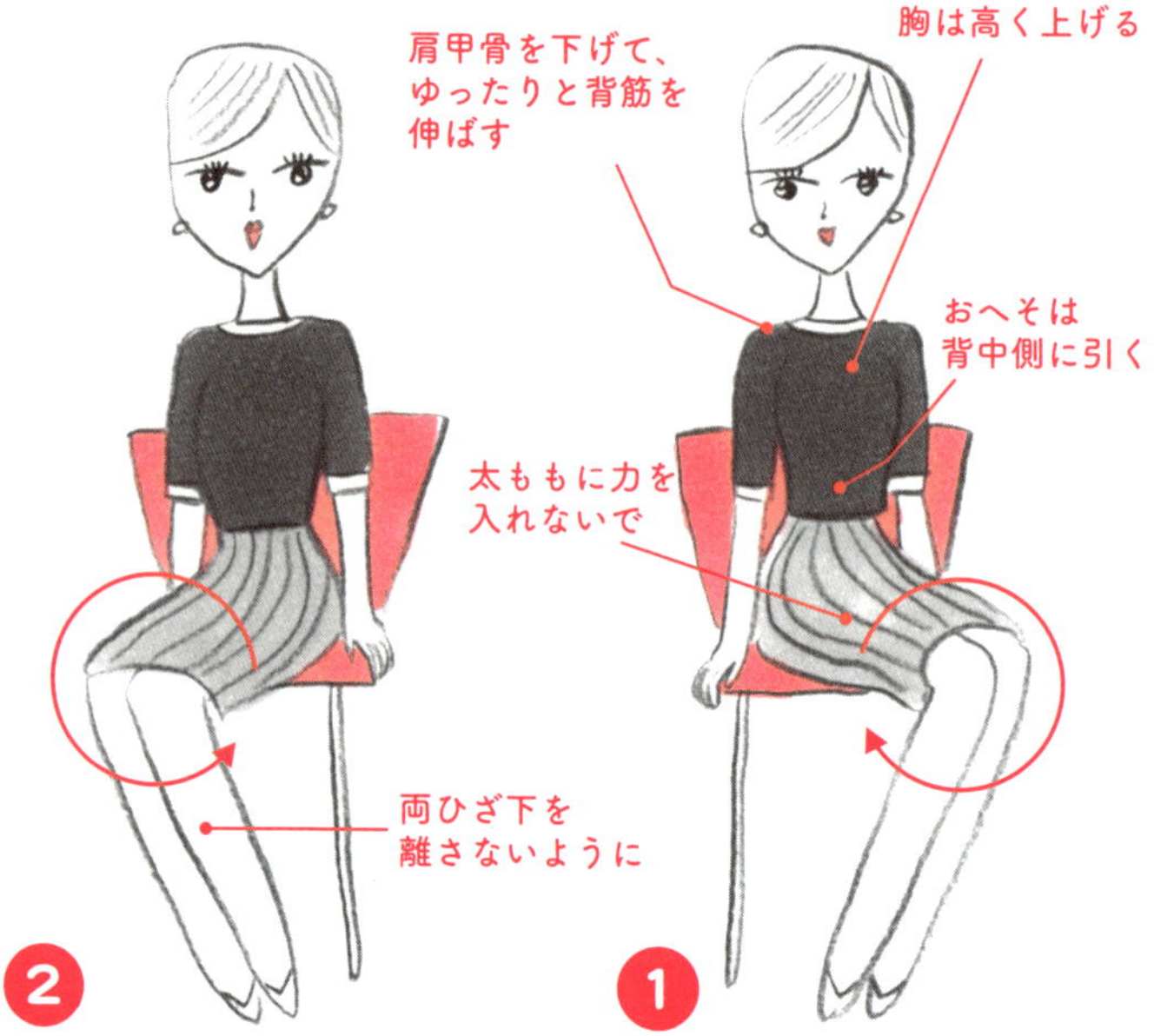
胸は高く上げる
肩甲骨を下げて、ゆったりと背筋を伸ばす
おへそは背中側に引く
太ももに力を入れないで
両ひざ下を離さないように

1 イスに浅く座って、両手で座面を持ち、両脚をそろえ、かかとを上げましょう。その姿勢のまま、時計回りにひざを5回、回します。

2 同じように反時計回りに、5回ひざを回して終了。

疲れも、太りやすさも即解消！

デスクワークをしていると、同じ姿勢が長時間続くので、筋肉が固くなり、股関節や骨盤にも負担がかかります。仕事に夢中になると、つい、上半身が前のめりになりがちなのも、デスクワークのこわいところ。前首、前肩で仕事をすることが無意識のクセになっている方も多いのでは。

そこで習慣にしてほしいのが、デスクワークの合間にできる「こっそりエクササイズ」。仕事の合間にこまめに筋肉や関節をほぐせば、やせやすくなるだけでなく、疲れもとれて、仕事の効率も上がるはず。仕事に疲れてジムにいくより効果的です！仕事でデスクワーク中心の方は、1日に何回か時間を決めて、エクササイズをおこなうようにしましょう。

【エクササイズ2】

華奢《きゃしゃ》な背中になり、猫背がなおる！

ひじ回し

デスクワークでこりやすい肩甲骨回りや、肩、首の筋肉をほぐします。
肩こりと一緒に、背中太りも解消。

横から見ると…

たまにお腹をさわって、
お腹が出てないかチェック！

1

足の親指以外の4本の指を上げた状態で肩幅に開いて立ちます。右手を鎖骨の下に置き、もう一方の手はウエストへ。

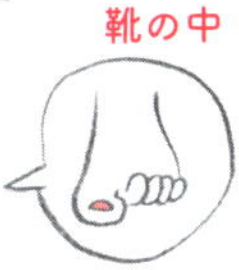
靴の中

顔は傾けずに
正面をキープ
ひざ裏を
よく伸ばして

2

曲げたひじを体の前へ動かし、そこからひじ頭を天井に向けて上げます。このとき、右手の指を肩の前側から後ろ側へすべらせるように移動させましょう。左手で右のひじ頭をつかみ、そのまま、まっすぐ上へ引き上げます。引き上げたら、左手をウエスト横に戻します。

お腹は
引っ込めた
まま
足底からつながる
抗重力筋を
しっかり
伸ばしながら

3

胸を広げながらひじを大きく後ろへ回します。回し終えたら、ひじをウエストの横にいったんつけてから、力を抜き、手をストンと下ろして終了。以上を5回おこないましょう。反対側も同様に。

【エクササイズ3】

デスクワーク中の肩こりにも効く！
ひじパタパタ落とし

デスクワークやパソコンの作業で知らず知らずのうちにねじれがちなのが、ひじ関節。腕のねじれ（サル手の原因）を解消し、リンパの流れや血流をよくします。

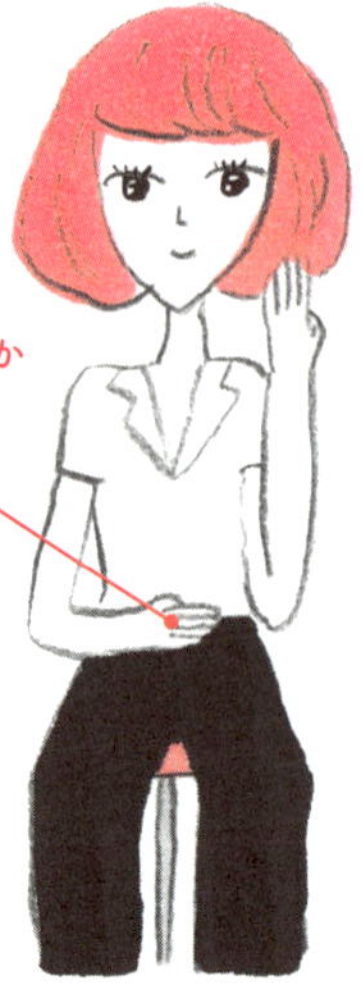

1 イスに浅く座り、右手はお腹にあて、左手は軽くひじを曲げて、手のひらが体側にくるように。親指以外の4本の指を立てます。

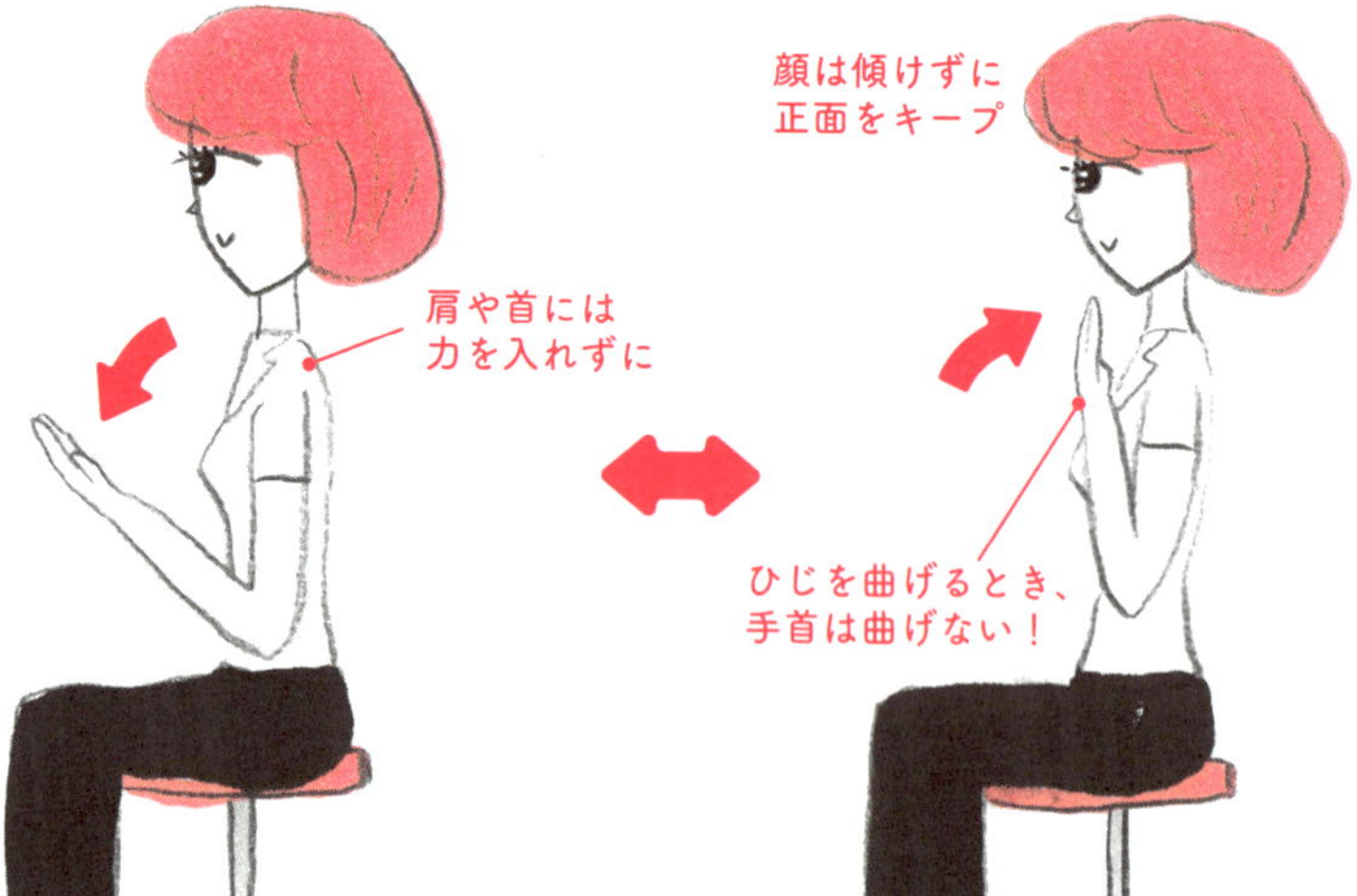

2 左ひじは体側につけたまま、手首を伸ばし、左の手を体から離します。そこから、左手をリズミカルに10回肩に近づけましょう。最後に指先で肩を軽くなで下ろし1セット終了。これを5セットおこないます。反対側も同様に。

【エクササイズ 4】

肩が下がって首が伸びる！

いかり肩・巻き肩なおし

前のめりの姿勢でデスクワークを続けると、巻き肩・いかり肩が悪化します。
30秒エクササイズで、上半身の歪みを正しましょう。

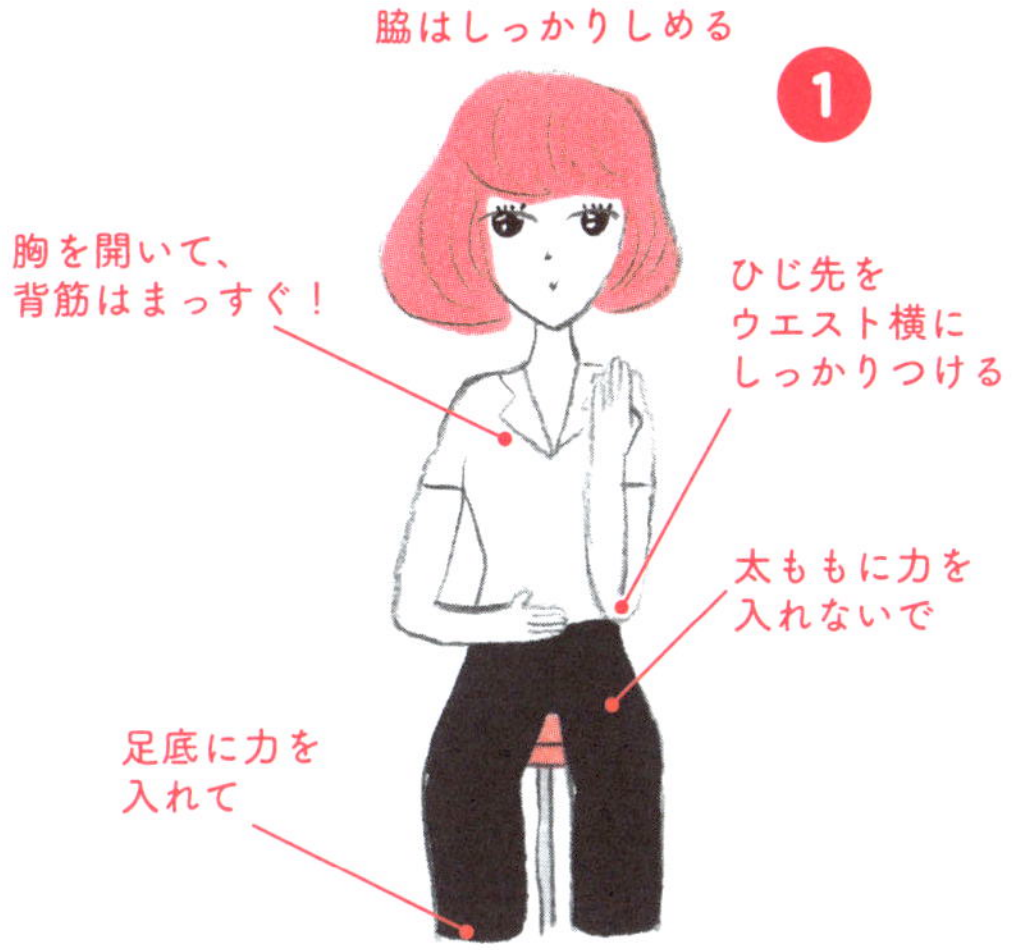
脇はしっかりしめる
1
胸を開いて、
背筋はまっすぐ！
ひじ先を
ウエスト横に
しっかりつける
太ももに力を
入れないで
足底に力を
入れて

イスに浅く座り、右手をお腹にあてます。左手は親指以外の4本の指を肩先につけます。

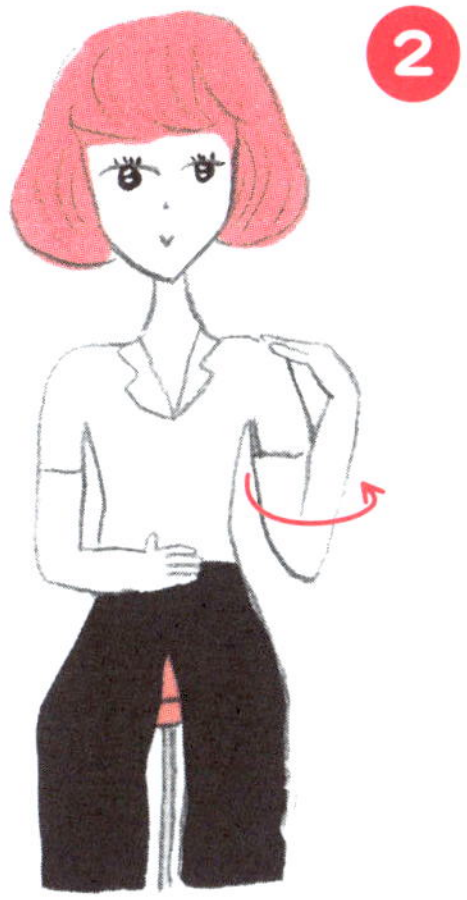
2

肩先に指をつけ、ひじを曲げたまま、左腕を外側に90度開きます。

3

肩先に指をつけたまま、ひじをウエストの横まで下げます。

4

力を抜き、肩先が下がったら手をストンと下ろして終了です。以上を5回おこないましょう。反対側も同様に。

in the daytime

オフィスのトイレ。鏡の見方を変えるだけで歪みグセが消える！

トイレで鏡を見るときにも、ひと工夫。まず、鏡に対して体の側面を向けるようにして立ち、そのまま、首を水平に鏡のほうへ回しましょう。背骨の関節詰まりがとれ、上半身歪みを予防できます。

座りっぱなしNG！こまめに席を立って

デスクワークでも、立ち仕事でも、仕事中は疲れがたまりやすいもの。たまった疲れをとり、股関節や骨盤、筋肉をほぐすのに最適なのが、トイレタイムです。長時間同じ姿勢で仕事を続けると、関節も筋肉も、ガチガチに固まります。できたら90分に1度はトイレに立ちましょう。

トイレでの鏡の見方にも、キレイになるコツがあります。イラストのように、鏡に対して体の側面を映し、首を水平に回して鏡を見るのです。首や背骨の関節、筋肉がほぐれ、上半身歪みを改善することができます。時間がある方は77ページの壁腕回しもおこないましょう。関節や筋肉がほぐれてキレイになるだけでなく、脳への血流もよくなるので休憩後の仕事がもっとはかどるはずです。

壁腕回し

壁を使っておこなうこのエクササイズは、トイレの個室内でやるのにぴったり。
指先から動かし、肩甲骨回りの筋肉をほぐしましょう。

1

壁から30～40センチ離れて立ちます。足の親指以外の4本指を浮かせ、かかとに重心を置きましょう。

2

左手を、手のひらを体側に向けた状態で真上に向かって伸ばします。伸ばしきったら、手のひらをひっくり返して、体と反対側に向けます。このとき、足底から体全体を上へ伸ばすよう意識して。

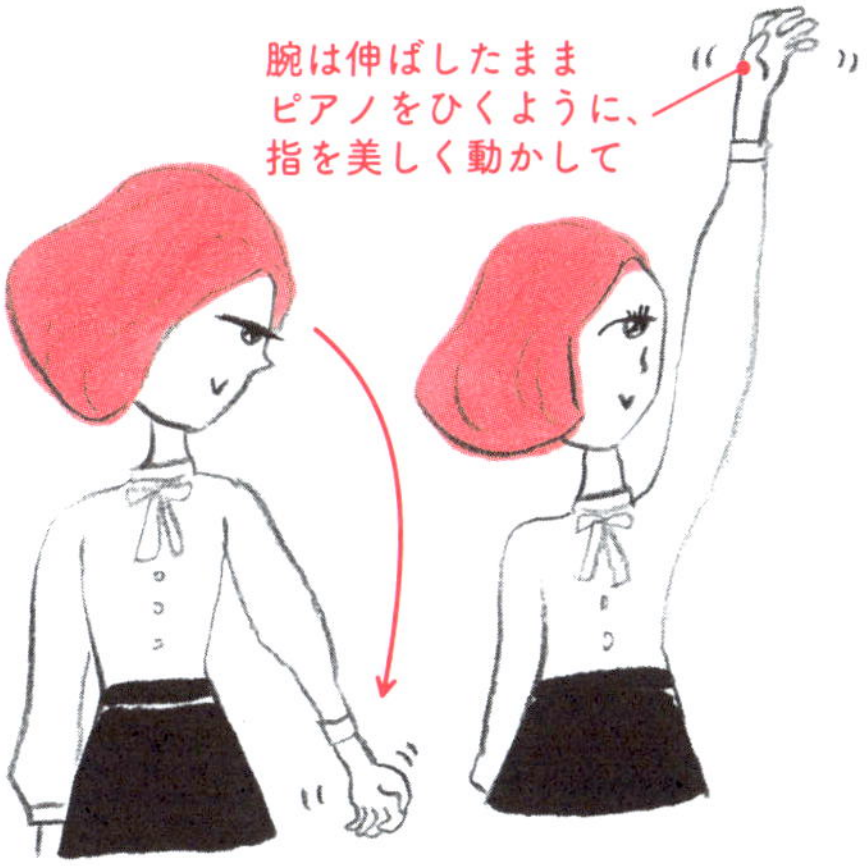
腕は伸ばしたまま
ピアノをひくように、
指を美しく動かして

3

手のひらを体と反対のほうに向けたまま、腕を大きく後ろへ回します。このとき、顔も指先を見るようにして腕に合わせて動かしましょう。

4

下まで回したら、手をひっくり返して、手のひらを体にそわせるように伸ばし下ろして終了。同様に右側もおこなって。

in the daytime

優雅な手つきは女っぷりが上がるうえ、股関節まで整う！

美しい手の使い方を
クセにするのは簡単！
「法輪《ほうりん》キツネ手」と「反り手」を、日々の動きに取り入れるだけ！

法輪キツネ手
親指と中指の先をつけ、それ以外の指は力を入れずにできるだけ伸ばす。その状態から親指を中指の第1関節までずらして完成。

反り手
親指以外の4本の指をくっつけ、手の甲側にグッと反らせる。指の関節の間が伸び、しなやかに。

末端からほぐせば、体が変わる

美しいボディラインをつくるには、つねに指先や手が美しく動かせているかを意識することも重要です。髪にふれるとき、ひざの上に手をのせるとき……ちょっとしたときでも、上のイラストにあるような「法輪キツネ手」や「反り手」を意識しましょう。

手の指を動かすと、指の関節が徐々にほぐれます。すると、手首、ひじ、肩、肩甲骨と、上につづく関節まで徐々にほぐすことができるのです。

また、時間があるときは「8の字エクササイズ」を。手指全体をほぐし、やわらかくすることができます。

現代ではスマホが普及し、指を使う機会が多くあります。使いすぎた指先の関節は硬くなって動きが悪くなってしまうので、意識してこまめにほぐしてくださいね。

8の字エクササイズ

指から手首、腕と段階的にほぐすエクササイズです。筋肉・関節がほぐれるだけでなく、末端から血流がよくなるので、代謝が上がり、やせやすくなります。

❶

指で8の字

左手で右手の手首をつかみ、右手の人差し指を立てます。人差し指を動かし、指だけで8の字を描きましょう。10回8の字を描いたら、左側も同様に。

❷

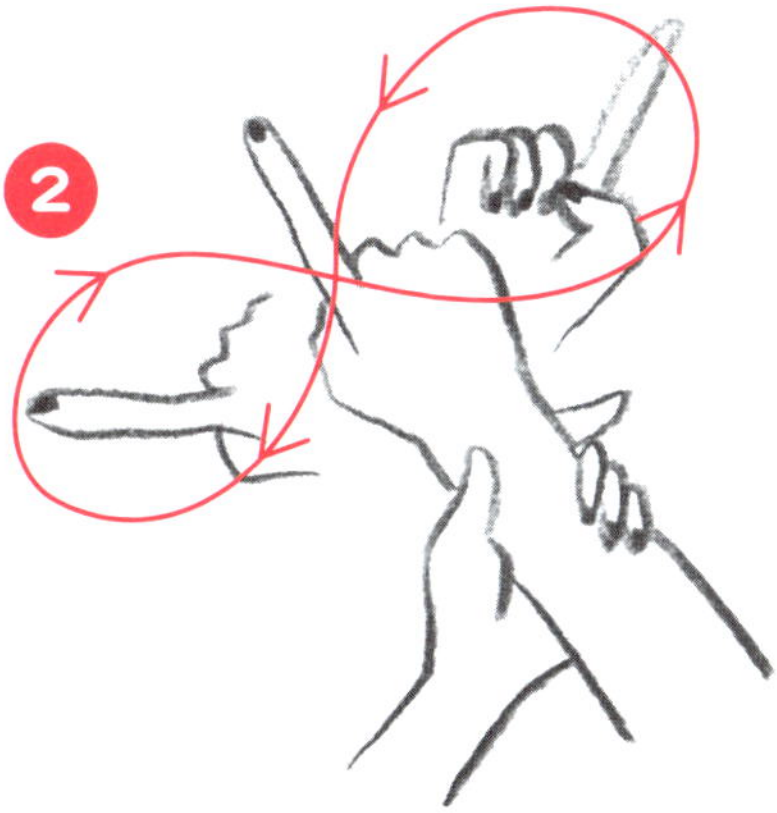

手首で8の字

右手は❶のかたちのまま。左手を右手の手首の少し下に移動させ、右手の手首から上を動かして8の字を描きます。10回8の字を描いたら、左側も同様に。

❸

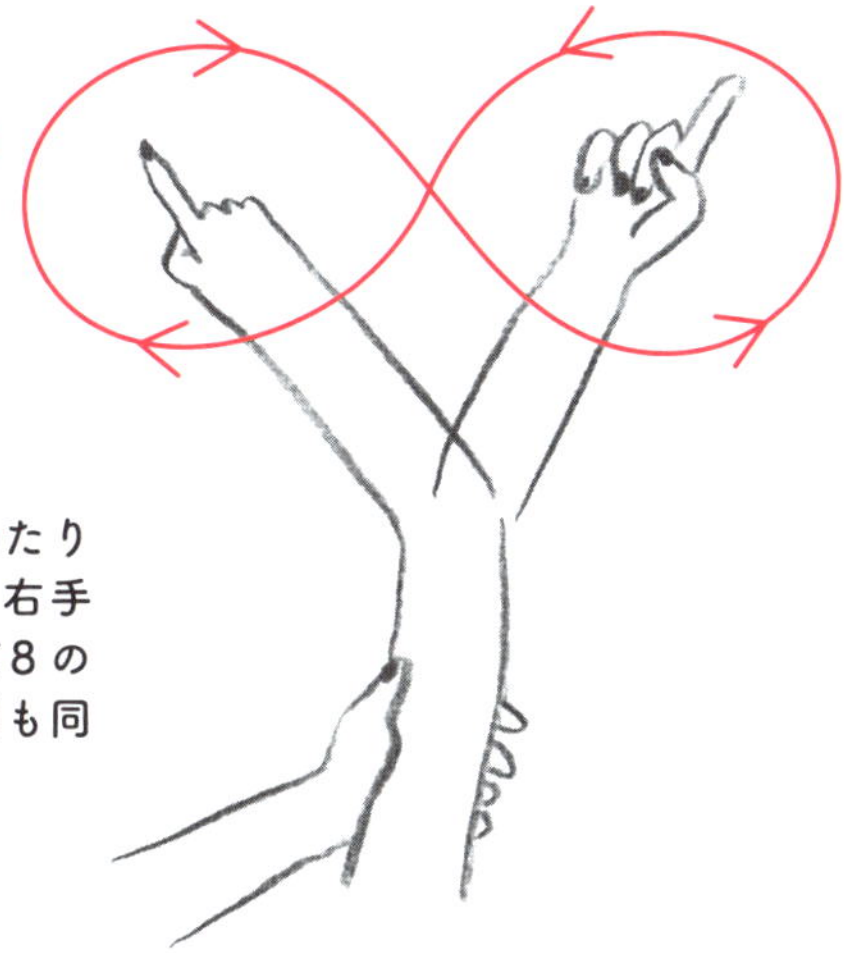

腕全体で8の字

最後に、左手を二の腕あたりまで移動。その状態で、右手のひじから先を動かして8の字を10回描きます。左側も同様に。

in the daytime

股関節美人は足裏を合わせた「あぐら」で、座る！

正しい座り方

NG
「猫背座り」

NG
「横座り」

NG
脚をクロスさせた
「重ねあぐら」

骨格を正す座り方、歪める座り方

イスではなく、床に座るとき、あなたはどのように座っているでしょうか？ 股関節を歪めない座り方は、実は上のイラストのような「足裏を合わせたあぐら」です。36ページのウォーミングアップでおこなったように、手でお尻の肉を引き上げてから、両足の裏を合わせて座ると、体が安定しますし、股関節もやわらかくなります。

反対に、股関節を歪める座り方は「脚を交差させた、重ねあぐら」や、脚を横に流して座る「横座り」です。また、猫背で座るのも当然NG。楽に感じますが後で骨格が歪み、疲れやすくなります。できるだけ首を伸ばし、お腹を引っ込め、上半身をまっすぐ保って座るよう心がけてください。

in the daytime

苦手な正座も この座り方なら疲れない！

股関節によい正座は、見た目にも美しい座り方。相手に与える印象もよくなり、座っていても疲れません。

両足を重ねるのはNG！

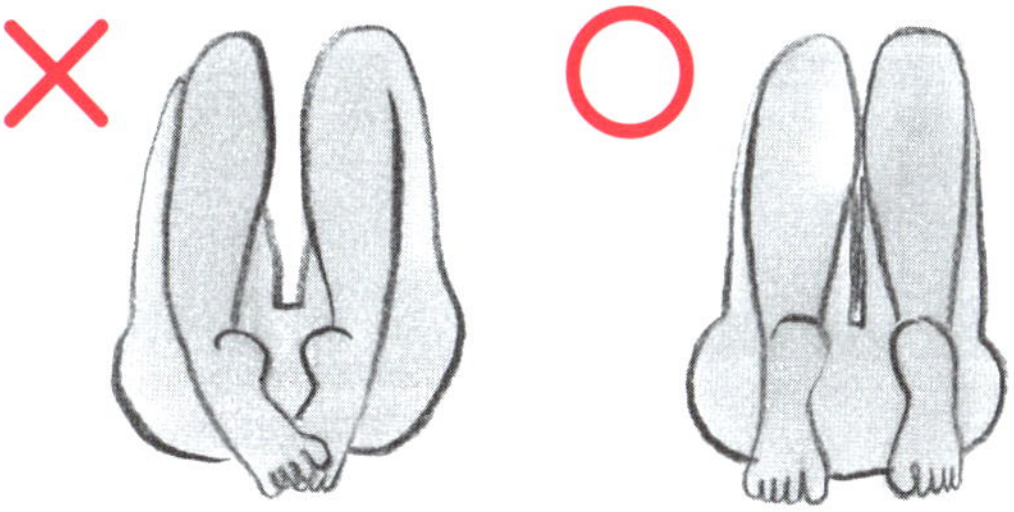

よい正座のポイントは足を自然に離すこと。足を重ねる正座は股関節の左右が歪む原因になるのでNGです。

「足を重ねず、上半身まっすぐ」が正解

80ページで、床に座るときには「足裏を合わせたあぐら」がいいとお伝えしました。でも、人前では、この座り方ができないこともありますね。苦手な正座をしなければいけないときもあるでしょう。

そこで、座っていても疲れない、さらに、股関節に負担をかけない正座の仕方をお伝えします。まず重要なのは、足を重ねずに離すこと。股関節の左右にかかるバランスが崩れるのを防止します。さらに、上半身をまっすぐ保つことも大切です。おへそを内側へ引き、胸を高く上げることで、上半身から股関節にかかる負荷を軽くし、股関節歪みを予防できます。さらに、この正座なら、疲れにくいはずです。

in the daytime

休憩中は、舌骨筋《ぜっこつきん》エクササイズ。顔が一瞬でスッキリ！

1

口の中で舌をくるくると回す

口を閉じて舌先で、右頬の内側を左回りに5回、ぐるぐると回します。同様に右回りもおこなったら、終了。左頬でも同様におこないます。

2

舌を出して上下左右に動かす

舌を思いっきり前につき出し、そのまま鼻のほうへ持ち上げます。5秒キープしたら、次は右側に舌を思いきり出し、5秒キープ。左側に出して5秒キープ。最後に、舌をなるべく下につき出し5秒キープして、終了。

ほうれい線がパッと消える!? 舌骨筋の力

デスクワークや家事の休憩中に、ぜひ試していただきたいのが「舌骨筋エクササイズ」。「1回でほうれい線が消える」「顔の輪郭がスッキリ引き締まる」など、顔の印象が変わります。

「舌骨筋」は、舌骨と肩甲骨をつなげる筋肉です。「舌骨」は他の骨と隣り合っておらず、体の中で唯一独立して存在している骨。舌骨筋はこの舌骨を支える働きをしています。

舌を動かすと、この舌骨筋が動き肩甲骨回りがほぐれます。また、舌骨筋が動くと、顔にあるさまざまな筋肉（表情筋）も連動して動き、刺激が伝わるので、顔のたるみやむくみが解消され、一気に表情が変わります。

in the daytime

ポッコリお腹を解消！「ハンカチ呼吸」

吹き切るごとに顔をにっこりと！

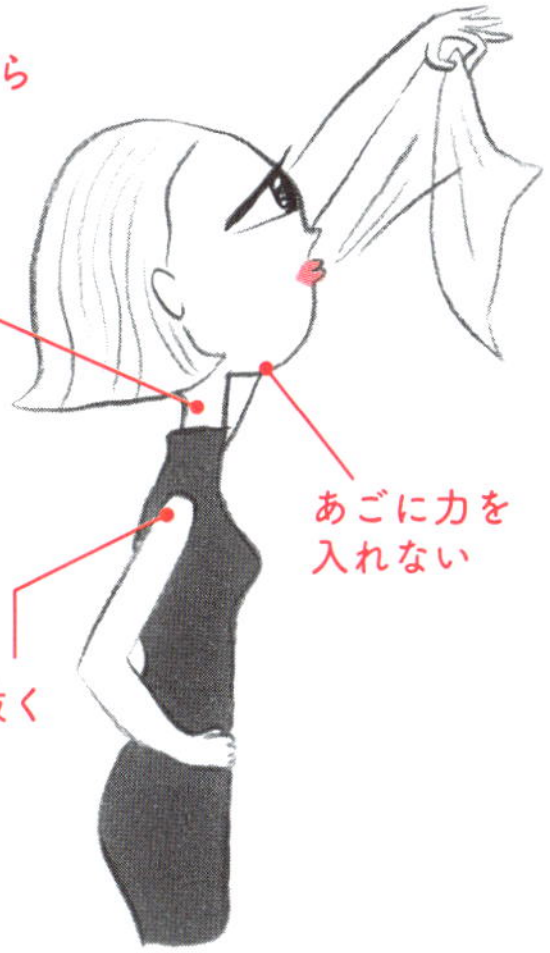
息を吹きながら
首を伸ばし
顔を上げる
あごに力を
入れない
肩の力を抜く

顔の前に薄手のハンカチを垂らし、鼻から息を吸い込みます。胸を開いて、肺に空気を入れたら、空気を口から吹き出します。唇を丸めて細く長く吹き、ハンカチを下から上へ吹き上げます。

息を「フゥ〜」と吹き切ったら

Smile!

その都度、にこっと笑顔をつくって。肩やあごの余計な力が抜けます。

胸式呼吸が自然にできるように

デスクワークなどで、何も話さずに長時間前かがみで座っていると、股関節が歪むだけでなく、ポッコリお腹にもなってきます。実はこれ、脂肪のせいだけではありません。肩を丸めて胸を狭くしていたせいで、お腹に空気がたまることも原因の1つ。前かがみで座ると、胸が狭くなり肺が圧迫されます。その結果、吸い込んだ空気が肺から腸に送り込まれてたまってしまい、ポッコリお腹になってしまうのです。

　こうならないためには、普段から「肺に空気をためる胸式呼吸」を心がけるのが大切。そこでおすすめしたいのが、「ハンカチ呼吸」です。休み時間などにこまめにおこなうと、胸式呼吸がいつの間にかクセになり、お腹に空気がたまらず、お腹も張らなくなります。

in the daytime

目をイキイキ輝かせると、全身の筋肉が目覚める！

パッチリ目を開くと、筋肉に力が入りやすくなり、スタイルアップに。

日中、イスなどに座ったまま居眠りをすると、体の重みが関節にダイレクトにかかります。骨がズレて歪むので、座ったままの居眠りは絶対にNG。

小顔にも効く
目力エクササイズ

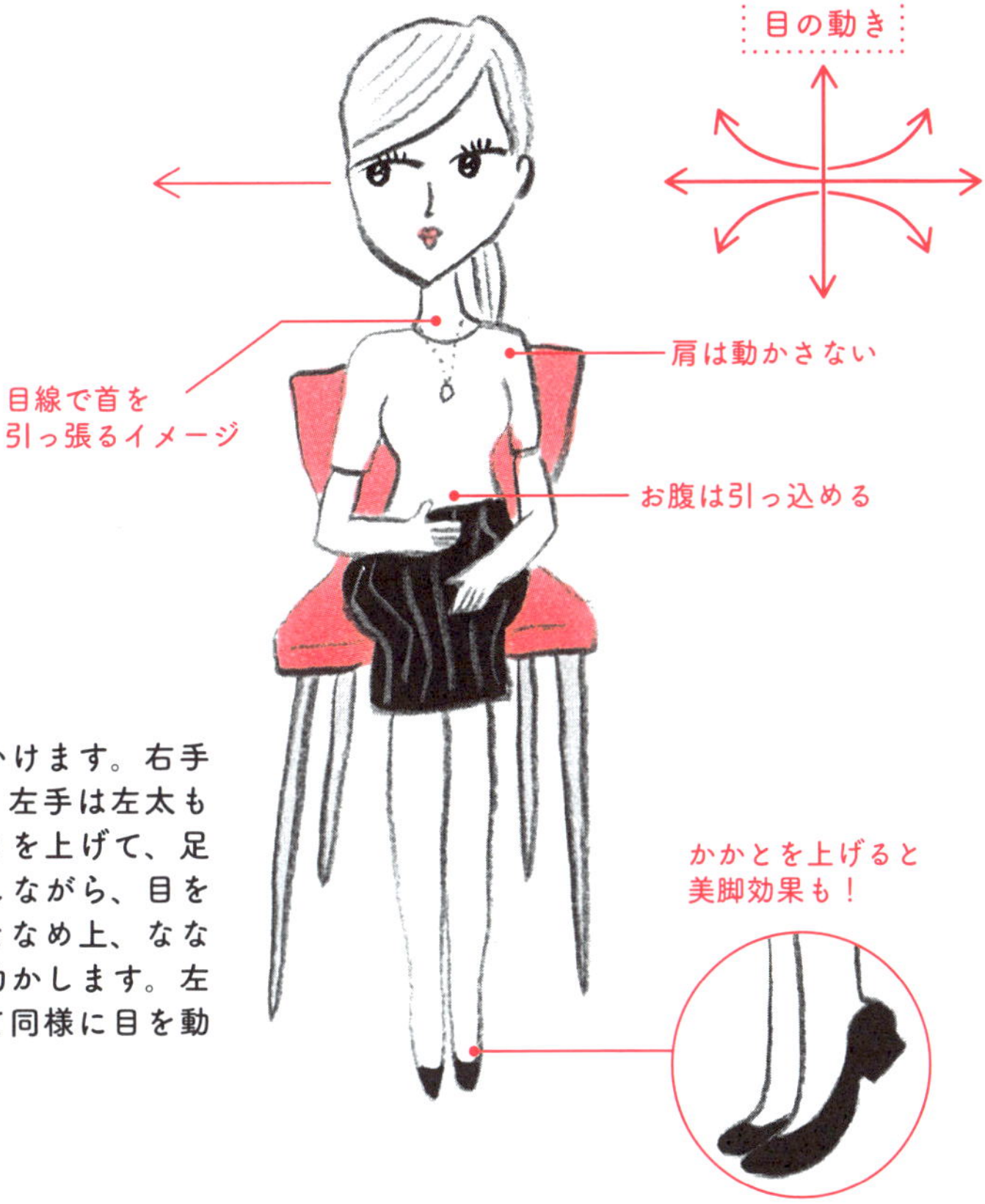
目の動き
目線で首を
引っ張るイメージ
肩は動かさない
お腹は引っ込める
かかとを上げると
美脚効果も！

イスに浅く腰かけます。右手をお腹に置き、左手は左太もも上。かかとを上げて、足の指で床を押しながら、目を左右、上下、ななめ上、ななめ下に順番に動かします。左右の手を変えて同様に目を動かして終了。

日中はつねにパッチリ目で、筋肉を休ませない

目は顔全体の印象が決まる重要なパーツ。イキイキと大きく開いた目は、まわりの人によい印象を与えるだけでなく、筋肉にもよい影響を与えます。

私たちが寝ているとき、全身の筋肉の力は抜けています。力が抜けることで、筋肉もしっかり休めるのです。寝るときはこれでいいのですが、気をつけたいのが日中。日中、イスに座ったまま居眠りなどをすると、その姿勢のまま筋肉は脱力します。そのため、筋肉で体を支えられず、関節への負担がいつも以上にかかり、骨格が歪むのです。反対に目をパッチリ開ければ、筋肉に力が入り、全身のバランスがしっかり保てます。起きている間は、パッチリ目を意識しましょう。「目力エクササイズ」をおこなうと、目が大きく開き、目力も増します。

in the nighttime

テレビを見ながら抗重力筋トレ。重力でたるんだ体をグーッと引き上げる！

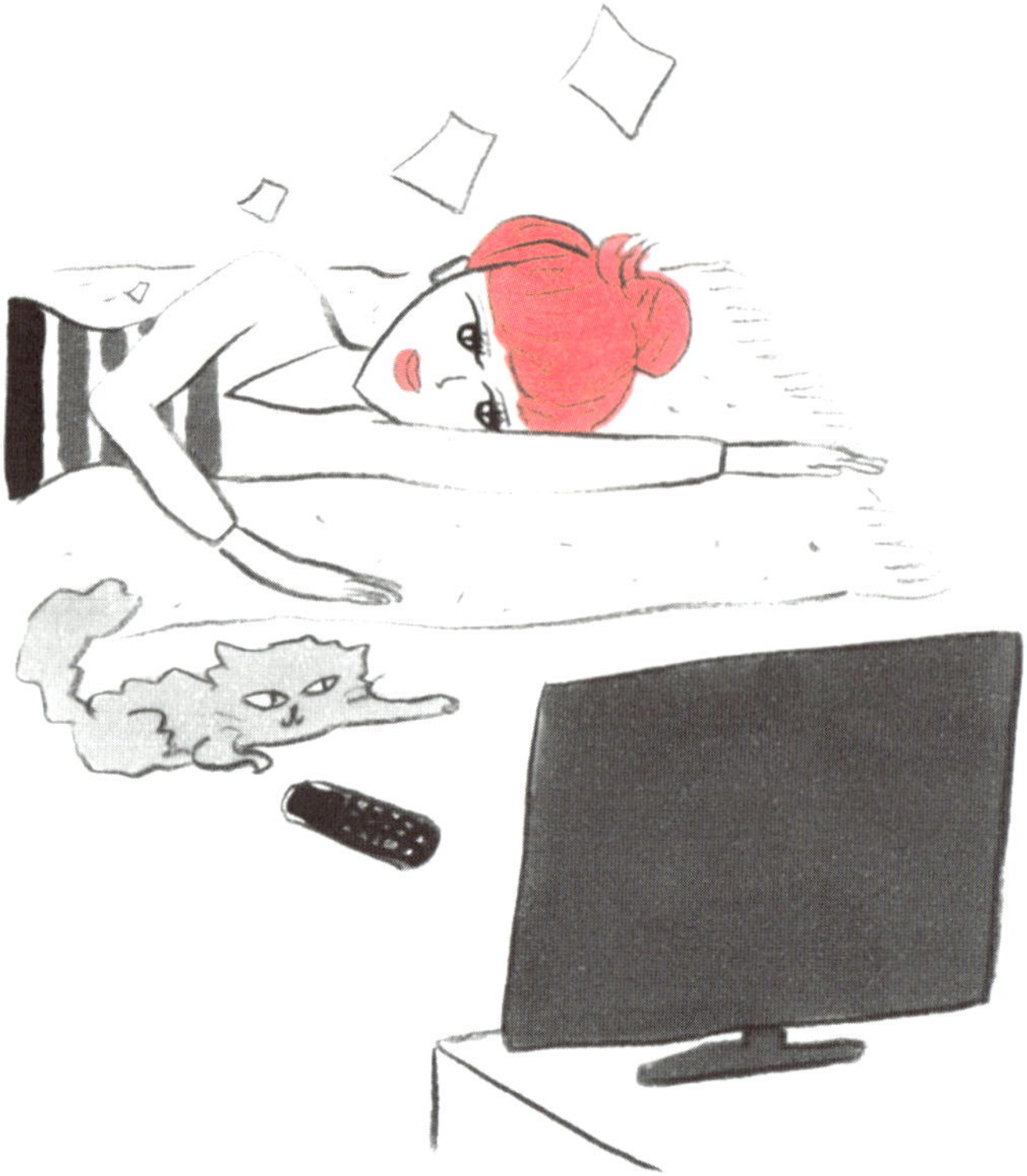

ゴロ寝でできるから夜のテレビタイムにおすすめ

夜、ごろんと横になってテレビを見たり、スマホをいじったり……。自分の好きなことをしながらリラックスするのは、体にとっても大事な時間です。

ひと休みしてからお風呂の前後にゴロ寝でできる抗重力筋トレをしてみましょう。「抗重力筋を鍛えるのに横になるの？」と思う方もいるかもしれません。24ページで説明したとおり、寝てエクササイズをおこなうと、関節に重力がかからないので、関節詰まりが解消されます。筋肉もそのぶんしなやかに鍛えられるのです。このエクササイズをすると、伸縮自在な筋肉になるので、全身を効果的に変えることができます。体重が気になる人ほど、まずは、ゴロ寝で筋肉を鍛えるエクササイズに挑戦してみてください。

寝ながらできる
抗重力筋トレ

ゴロ寝で、抗重力筋を鍛えるエクササイズ。
脚裏の筋肉を意識しながら、体を動かして！

体の左側を下にして寝ます。左腕はまっすぐ伸ばし、右手は胸の前に。体が倒れないよう、右手で支え、右ひざを90度曲げます。

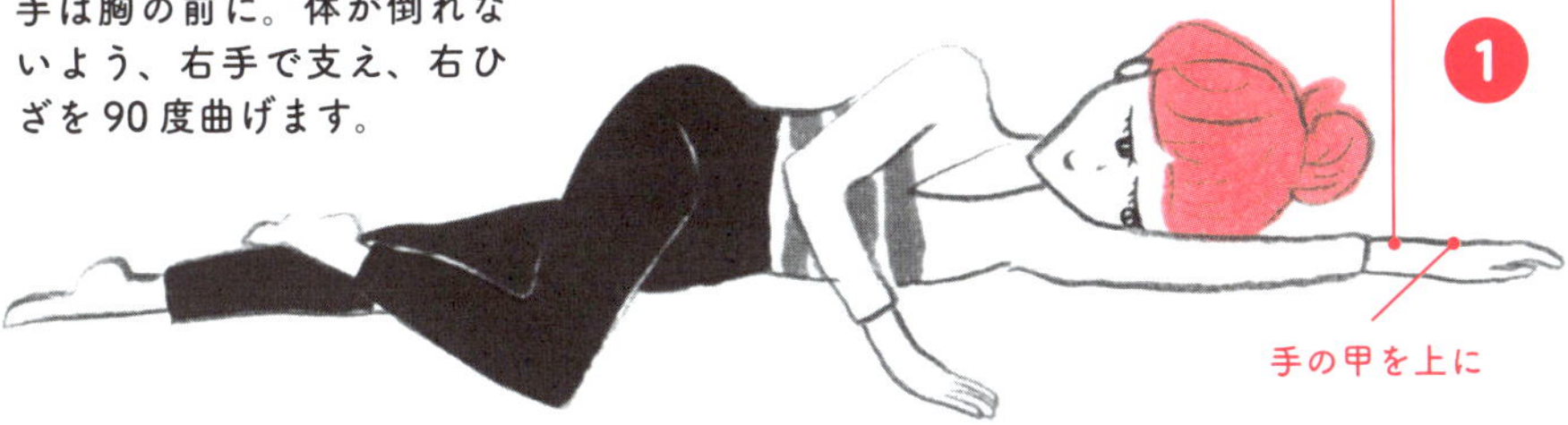
1
手先から足先まで一直線になるように
手の甲を上に

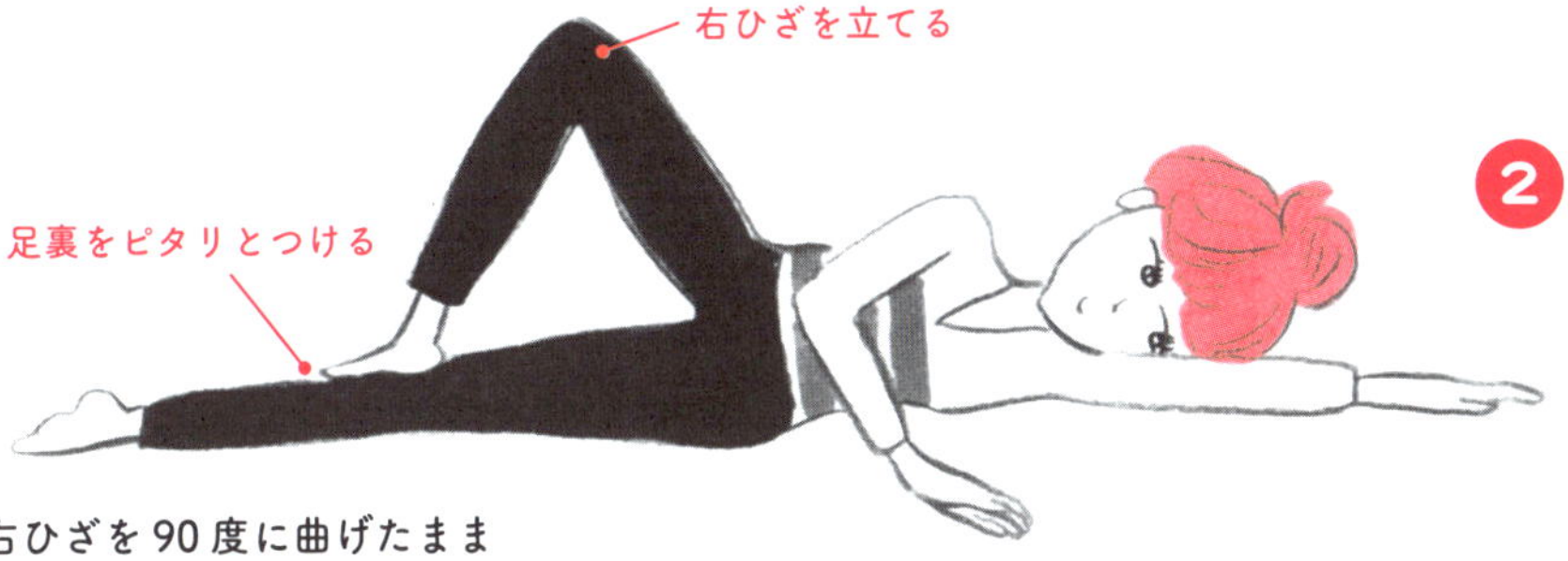
2
右ひざを立てる
足裏をピタリとつける

右ひざを90度に曲げたまま天井に向け、股関節を広げ、右脚の足底を、左ひざの上にのせます。

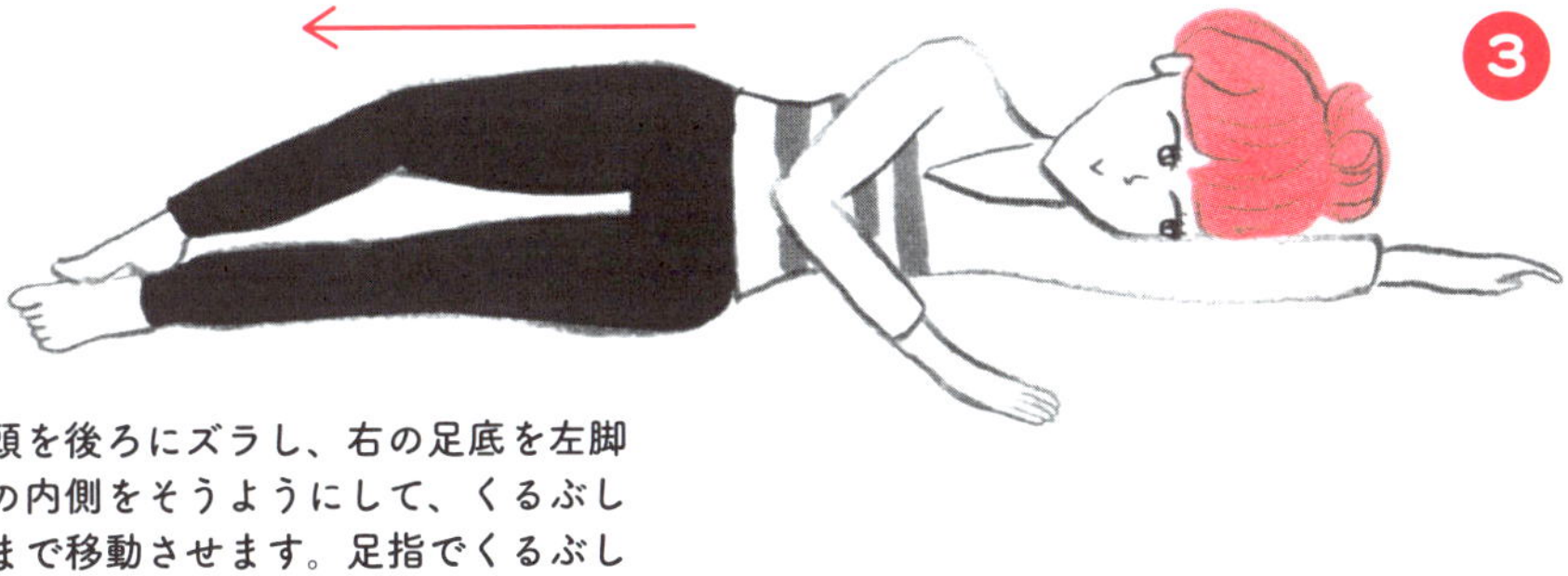
3

頭を後ろにズラし、右の足底を左脚の内側をそうようにして、くるぶしまで移動させます。足指でくるぶしをクルクルなでて脚をしっかり伸ばし、両脚をそろえます。左も同様に。

in the nighttime

お風呂上がりの壁押し開脚で1日の疲れも歪みも解消！

お風呂上がりのエクササイズで関節がほぐれる！

1日の疲れをとるバスタイム。楽しみにしている方も多いでしょう。お風呂で湯船に入るとほっとしますが、実はこのとき、関節もリラックスしています。お湯の浮力によって、関節に負担がかからなくなるからです。バスタブでは、1日頑張った体をゆったりと伸ばしましょう。これだけで、こわばっていた全身の関節が少しほぐれ、体が軽くなるはずです。

さらにお風呂上がりには、簡単にできるエクササイズを。おすすめは、ここで紹介する「壁押し開脚」です。1日立ったり、歩いたりして疲労がたまった足裏をほぐし、疲れも歪みも解消します。

疲れを明日に残さないことも、キレイの秘訣です。

足裏をほぐす
壁押し開脚

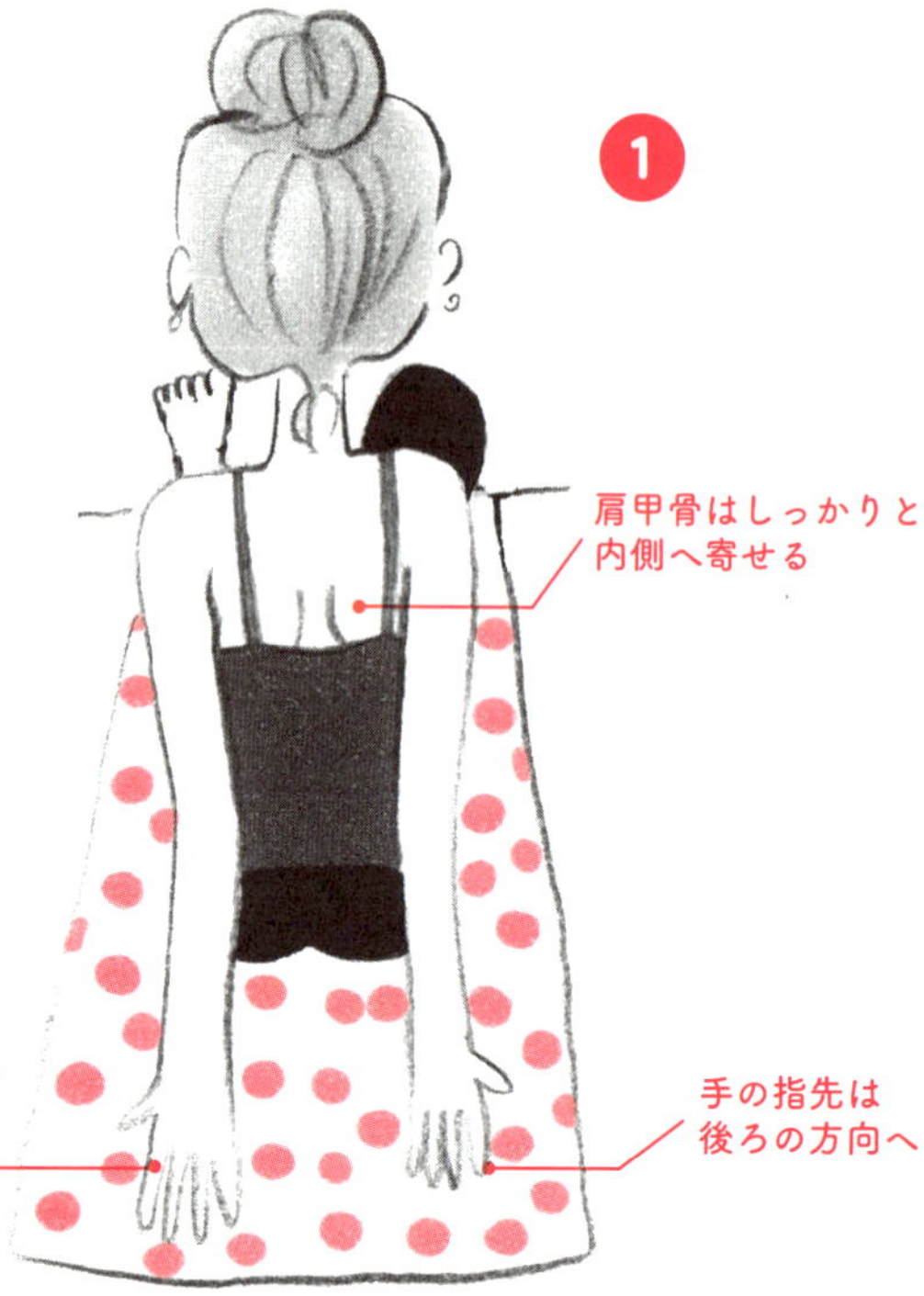
1
肩甲骨はしっかりと内側へ寄せる
親指以外の4指で支える
手の指先は後ろの方向へ

壁に向かって座ったら、左足の裏を壁にピッタリとつけます。

2

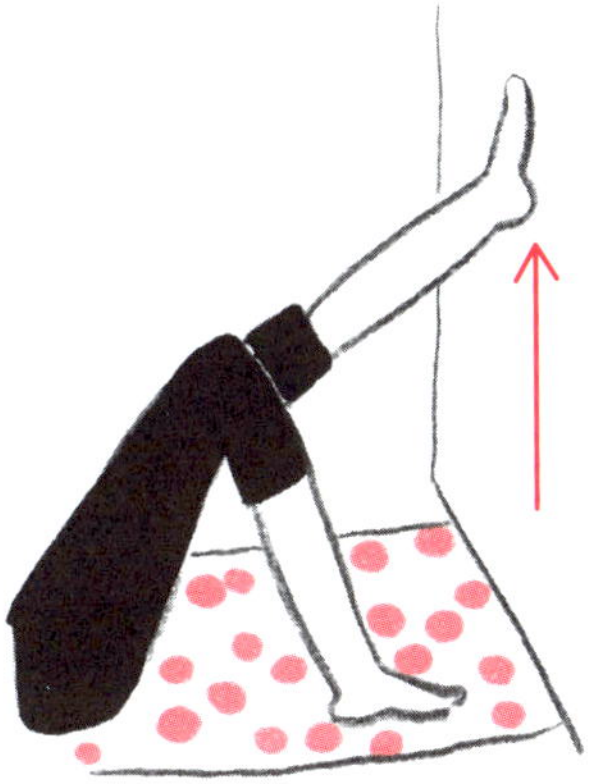

左足を壁にそわせながら上げ、ひざ裏が伸びるところまでいったらとめます。

3

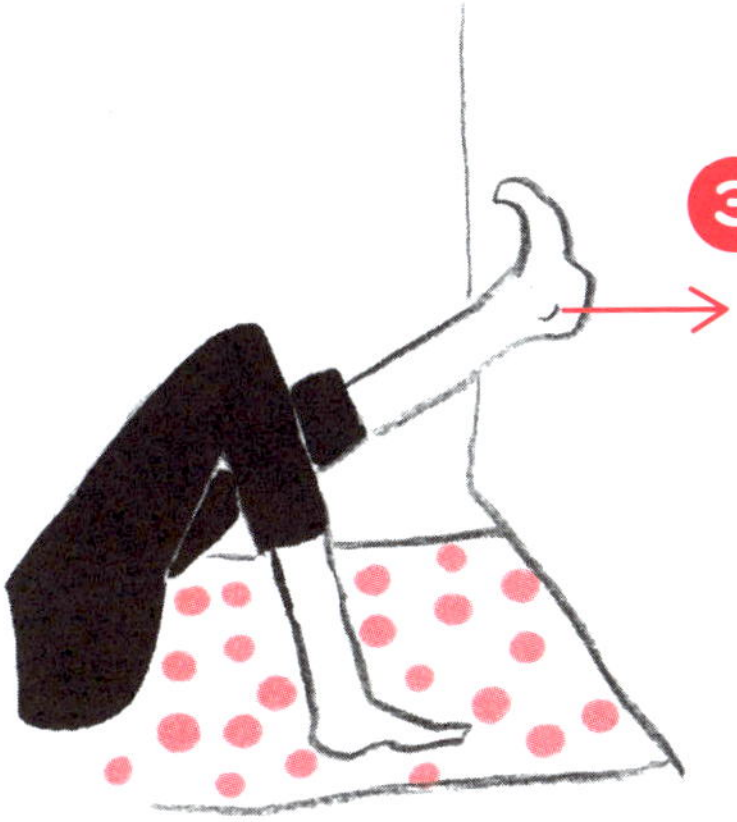

ひざ裏を伸ばしたまま左足のかかとを、壁のほうに押します。

4

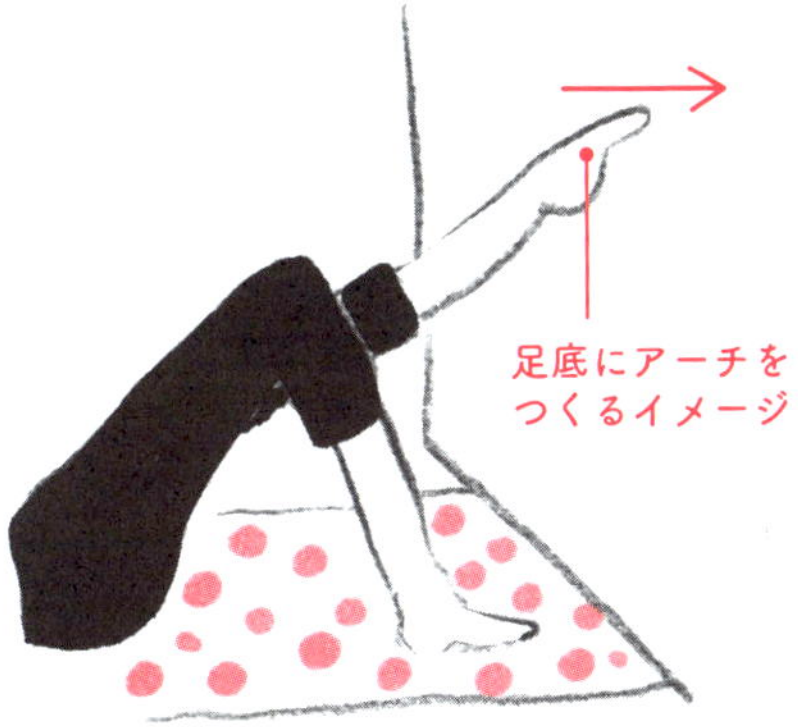
足底にアーチを
つくるイメージ

今度は足指の裏を壁につけ、押してひざ裏を伸ばします。

5

最後に足裏全体を壁にピタリとつけ、半円を描くように上から下へ下ろします。右側も同様に。

in the nighttime

90分サイクルの「よい眠り」が股関節美人をつくります

眠り方にも、美人をつくるコツがある！

美しい体は、健康から。美容と健康は切っても切り離せません。そこで大事なのが睡眠。

股関節を整えてから寝ると、神経伝達がよくなるので眠っている間に無意識に寝返りを多くします。すると、全身の関節が動いて、寝ている間に血流やリンパの流れがよくなるのです。「寝ながら恥骨上げ下げ」をして、股関節を正してから眠るようにしましょう。

さらに、質のよい睡眠のために大事にしてほしいのが、「睡眠時間」です。人間は90分周期で「浅い眠り（レム睡眠）→深い眠り（ノンレム睡眠）」をくり返しています。浅い眠りのときに起きると、スッキリ起きられ、心も体もよいスタートが切れるはず。反対に眠りが深いときに起きるのは避けましょう。目覚めが不快だと、股関節をはじめとする関節にもよくない影響が出ます。

寝ながら 恥骨上げ下げ

ベッドの上で、寝る直前におこないましょう。
1日の疲れがとれ、スッと眠りに入れるはず。

1

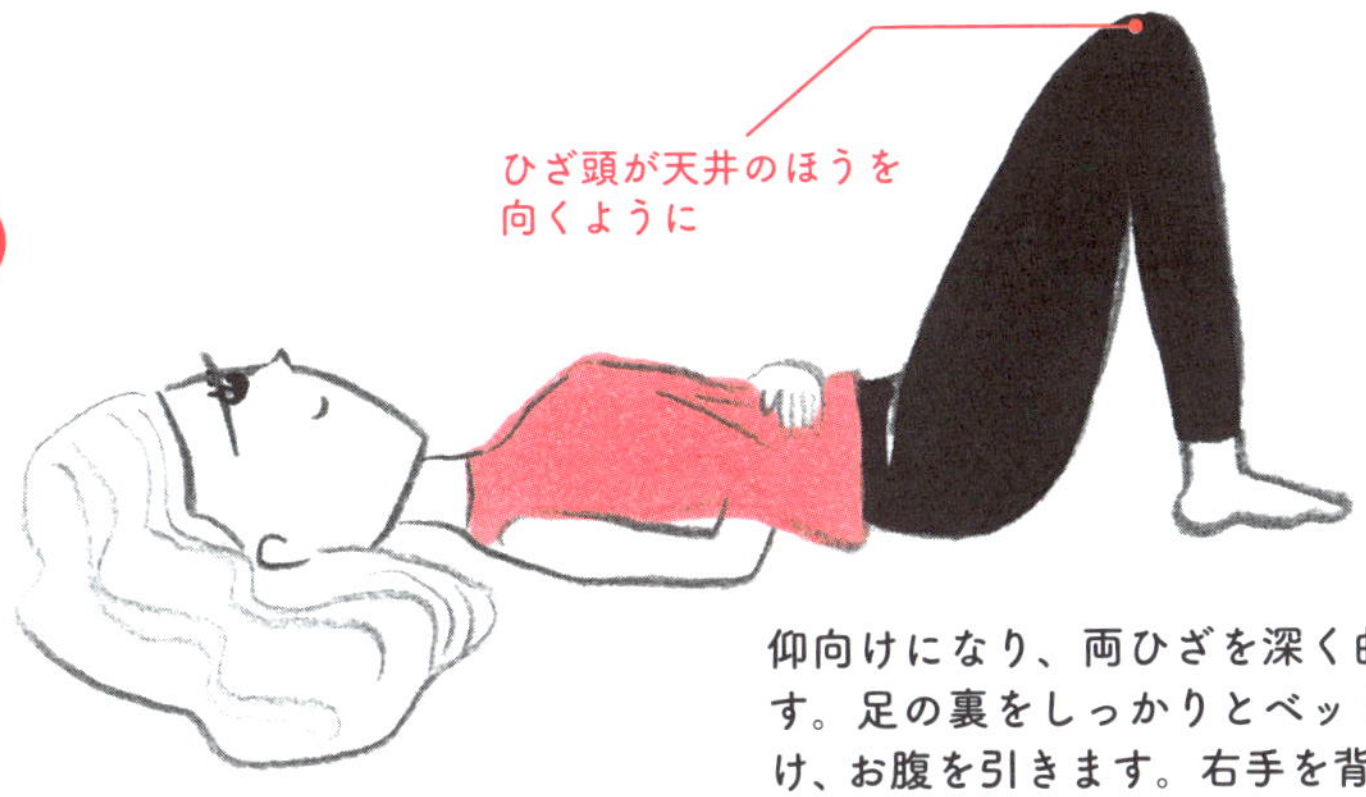
ひざ頭が天井のほうを
向くように

仰向けになり、両ひざを深く曲げます。足の裏をしっかりとベッドにつけ、お腹を引きます。右手を背中に、左手をお腹にそえましょう。

2

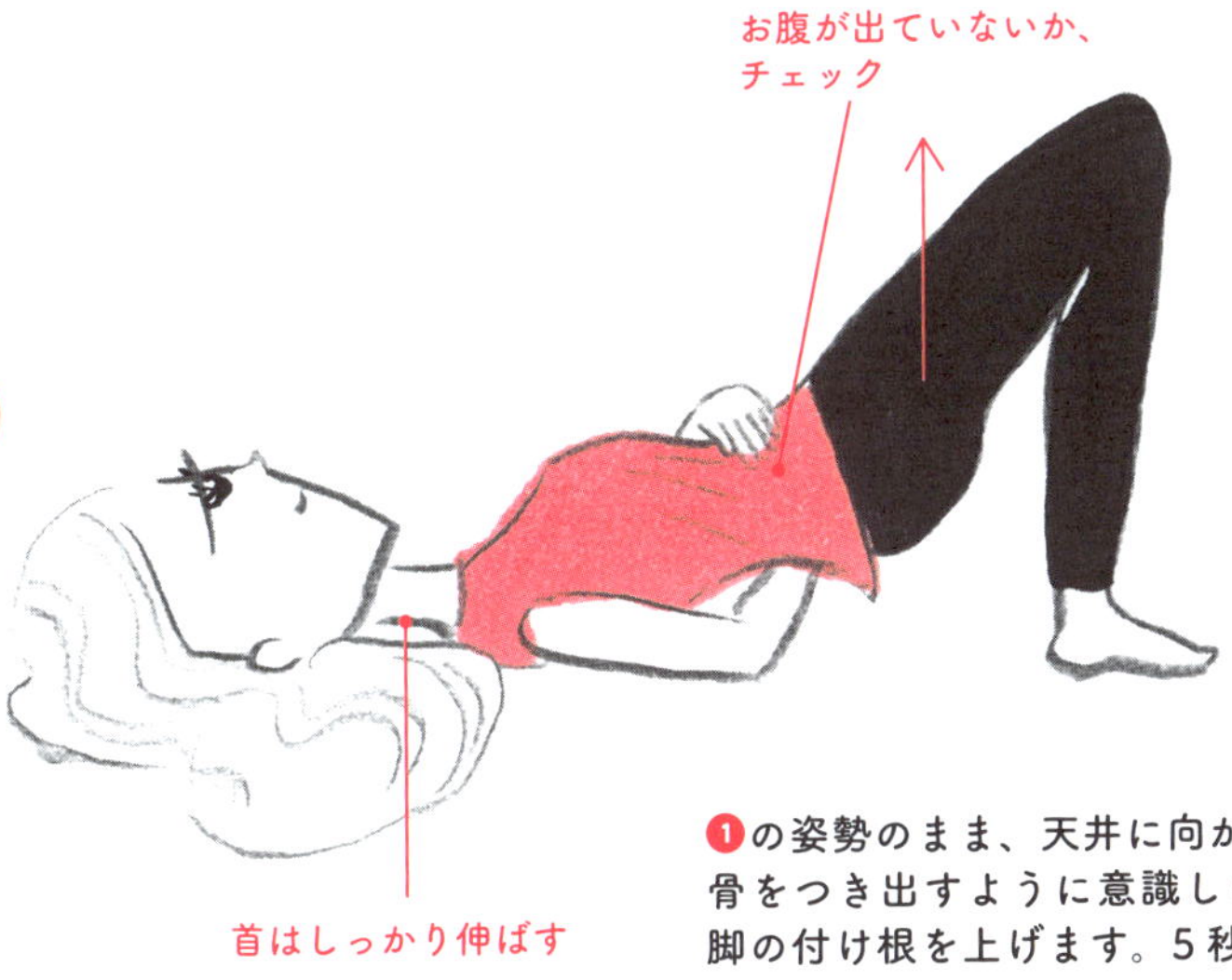
お腹が出ていないか、
チェック
首はしっかり伸ばす

1の姿勢のまま、天井に向かって恥骨をつき出すように意識しながら、脚の付け根を上げます。5秒キープしたら、腰を下ろして終了。

股関節1分ダイエットを続けた結果…

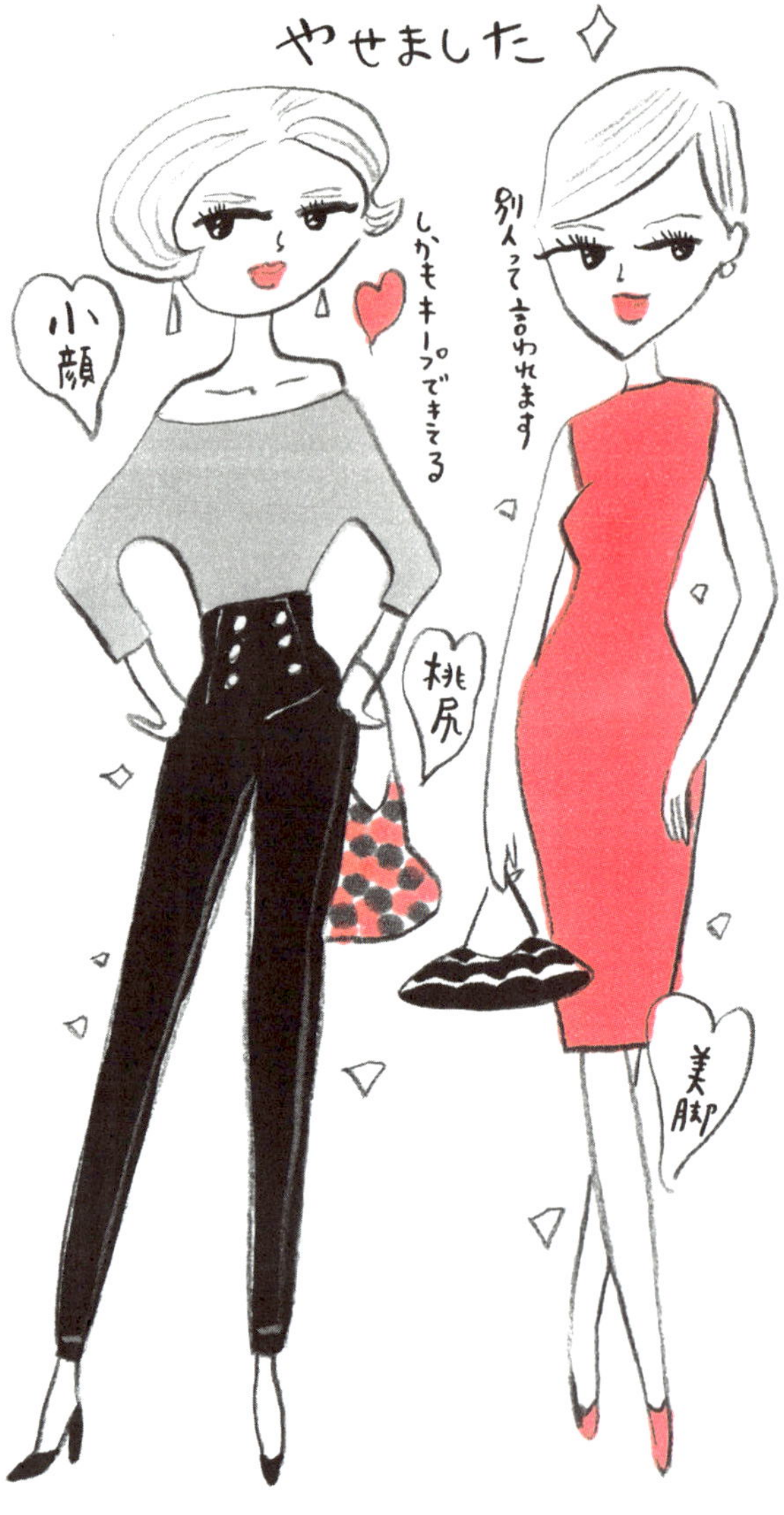
やせました
小顔
しかもキープできてる
別人って言われます
桃尻
美脚

正しい習慣
＋
1日1分股関節エクササイズ
で、簡単にやせられたなんてビックリ！！
何をやってもやせなかった私たち
1ヶ月前…
やせた以外にもいいことがたくさん♡
ホルモンバランス整った！
ストレスがなくなりポジティブに
おしゃれが楽しい♡
体調よくて仕事がはかどる！
肌がきれいに
ありがとう　股関節1分ダイエット！
鏡を見て毎日続けるのが大切よ♡お幸せに！

おわりに

『股関節1分ダイエット』を最後まで読んでくださり、ありがとうございました。

股関節エクササイズを実際におこなってみて、いかがでしたでしょうか。

すでに実感していただいている方もいるかもしれませんが、股関節を整えると、やせやすくなり、全身が美しく変わります。体はそれぞれの部分がすべてつながっており、たがいに連携し、連動しながら全体として機能しているからです。その中でも股関節は、上半身とつながっている骨盤を支えながら、脚の力のバランスをとる大事な場所。股関節を整えれば足底から上に、他の部分も次々と変わっていくのです。

ダイエットをしていると、「もう年だし、これ以上はやせないかな」「元々太りやすい体質だから頑張ってもムダ」「生まれつき、骨太だし」と、諦めたくなることもあるでしょう。でも、股関節を整えれば、体は絶対に変わります。何歳からでもやせられ、美しいボディラインが手に入ります。それに、知らず知らずのうちに体の不調も解消できるのです。それは、これまでにお会いした多くのお客様が教えてくださったことです。

最近、ますます「健康で美しい体づくり」を目指して努力する方々が増えてきたように感じます。スポーツ科学も発達し、あらゆるスポーツで選手自身が正しく体を整える感性が求められるようになっています。活躍されているスポーツ選手は、股関節が正しく鍛えられていて、脚が歪んでおらず、シンメトリーで美しい体をしています。

私たちは、テレビなどであらゆるスポーツを観ることができ、人間の体のすばらしさを目にするチャンスにも恵まれています。ぜひ、スポーツを観る際には、体幹を支える股関節に着目していただきたいと思います。

本書は、２００８年に出版した『股関節1分ダイエット』をベースにしながら、これまで美容家として培ってきたメソッドの中で、ダイエットに特化した情報をまとめました。イラストやマンガで楽しく情報をお伝えしながら、エクササイズのやり方に関してはわかりやすく、しっかりと説明しています。自分でエクササイズをするためのコツやこれまでにない新しい情報も、ぎゅっと詰め込みました。

多くの方々に「股関節1分ダイエット」の効果を実感していただければ、幸いです。

整体エステ「ＧＡＩＡ」主宰　南雅子

著者紹介 ……………………………………………………………………………

南 雅子（みなみ まさこ）

整体エステ「ガイア」主宰。エステティシャンとして活躍後、「美しい髪と肌は体の健康あってこそつくられ、美容と健康はイコールの関係」と一念発起し、カイロプラクティック・整体師の資格を取得。現在、オリジナルに開発した「姿勢矯正」や「ストレッチ」など健康で機能的な身体づくりのための施術・指導を行っている。１２万人以上を変えた実績と３ヶ月で完璧に身体を仕上げるプログラムは各業界からつねに高い評価を得ている。整体エステ協会を設立し、エクササイズスクールを開講。プロ育成なども手掛ける。著書に『「くびれ」のしくみ』『DVD付 肩関節１分ダイエット』（小社）ほか多数。

イラスト（カバー・本文）	いいあい
イラスト（本文）	池田須香子
本文デザイン	田中彩里
編集協力	柿沼曜子

体《からだ》は骨格《こっかく》から変《か》わる！
股関節《こかんせつ》「１分《ぷん》」ダイエット

2019年12月１日　第１刷

著　　者　南《みなみ》雅《まさ》子《こ》

発 行 者　小澤源太郎

責任編集　株式会社 プライム涌光

電話　編集部　03(3203)2850

発行所　株式会社 青春出版社

東京都新宿区若松町12番1号〒162-0056
振替番号　00190-7-98602
電話　営業部　03(3207)1916

印　刷　大日本印刷　　製　本　フォーネット社

万一、落丁、乱丁がありました節は、お取りかえいたします。

ISBN978-4-413-11307-6 C0077